魏树人 著
王　洁 助编
蓝清雨 整理

杨式太极拳术述真

人民体育出版社

出 版 说 明

随着太极拳运动的普及开展，人们渴望进一步了解和探求源远流长的传统太极拳技艺精华及其所独具的文化底蕴与艺术魅力，为此，我们特约作者撰写了本书。

本书原名《杨式太极拳述真续集》，由台湾纯一出版社出版，在海外发行繁体字版本。现改为简化字体，除变更书名外，内容未作大的改动。

作者近照

而強壯臟腑通達關竅疏理經絡故能增強營衛二氣健壯體魄抵禦疾病以及外來侵擾

胞兄樹人夙喜國術雖經遍攬武林名著采擷鑽研身體力行終解所護造年及花甲息景市廛得遇汪永泉宗師授以楊氏太極拳術受業伊始如入寶山收視反聽耽思傍訊廢寢忘食閱十數載技藝大進汪師喜悅允為登堂入室授予衣缽

自古以來講述國術之論著篇帙浩瀚但未盡佳余兄通來深感弘揚國術重任在肩悟及一花獨放不是春萬民同登壽域方為目的為闡發楊氏太極拳術之精微羆將自己多年來之潛思凝悟及創新楊氏太極拳二十二式付梓附有歌訣便於掌握書名曰楊氏太極拳術述真實為光大國術之巨著其立論唯規導正途汰繁去冗無枉言眩世之意志誠之心盈溢文字行間四海志士其來觀習歟

丙子年雨水日　魏嘉祥謹識

楊氏太極拳術述真

序

易賁曰文明以止人文也觀乎天文以察時觀乎人文以化成天下意謂人類之文化演變成為大千世界顯現為形色各異之物質與精神生活亦即與之相匹配之教育科學文學藝術諸領域

韓非子曰國家必有文武以我中華民族之心理素質與精神形態演現出文教武術之博大精深足以說明我民族之雄視世界而屹立於民族之林者也

太極拳是融導引術吐納術為一體之中華內家拳術淵遠流廣歌用斯弘其所以名為太極者乃以太極為衍生萬物之本原若宋時邵雍稱心為太極朱熹則更進而闡述曰總天地萬物之理便是太極亦即闡明天地未判之前太始渾沌清虛之氣即是太極太極拳則正是密切結合以意識呼吸動作協調身心進行

作者与同门师兄弟合影
左起：王平凡、齐一、魏树人、李光普

作者夫妇与学生合影　前排魏树人、陈淑伦
后排左起：宋钢、王德祥、傅殿华、高伟、李科威、王洁

作者在湖南长沙讲学时与学员们合影

作者与学生在天坛公园练功之后影

左起：刘应文、王洁、魏树人、蓝清雨、施锡钦、马文庆

台北国术总会颁赠作者"太极树人"金牌

作者在台北讲学

购书者排队等候作者签名

台北太极拳爱好者在新书发表会上表演二十二式太极拳

作者指导澳洲弟子练拳

左起：刘安全、廖简生、马炳贤、冯国基、吴练辉、黄仕和

作者在台北讲学进与学员们合影

作者在澳洲墨尔本机场与学生合影
左起：郭礼哲、蓝清雨、魏树人、叶东相、吴仲义、林志明

作者访澳时与守德武术馆的学生合影
前排左起：李文英、魏树人、解守德

自先师讲授的《杨式太极拳述真》一书面世后,余陆续收到海内外读者的大量信函。各省市太极拳爱好者不断登门造访,海外人士也陆续来京质疑问难。中外朋友都希望进一步学习和探索这一门太极拳技艺,纷纷建议我编写一本由初学阶段转入中级阶段之后练习太极拳的内容、方法及纲要的书籍。为了满足大家的要求,余不揆庸昧,在先师所传技艺的基础上,融合自己数十年学习、探索太极拳艺之所得,本着知无不言、言必由衷的精神,将这一门技艺的精华原原本本地告知所有太极拳的爱好者。

本书的技艺构架由内功理法、行拳心法、拆架拆手、太极功法和内功劲法五部分组成。这些内容是太极拳功夫在中级阶段由低到高、分层递进之阶梯。书中记述有前人杨公健侯、

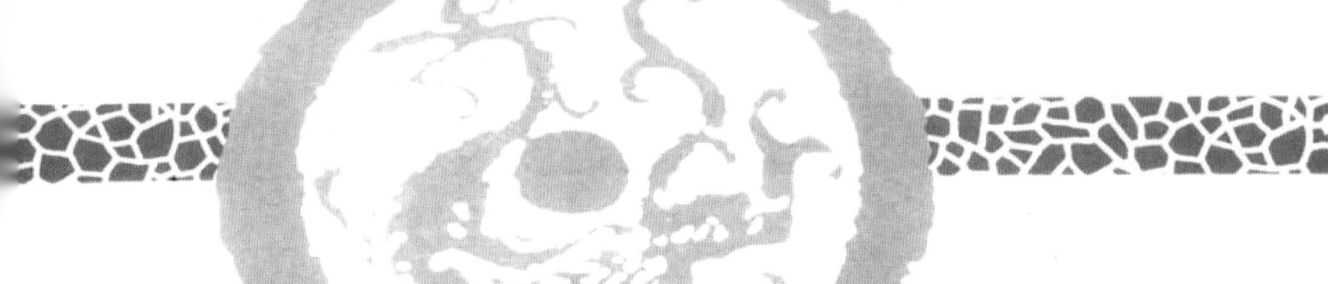

杨公少侯和先师汪永泉口耳相传的行拳要诀，以及精辟独到的譬喻。这些警句脉络清晰，洞明事理、言简意赅而切中要害。这些融太极大道至理于拳之精微的明言直语尽抒拳艺精髓，是从中华民族文化的深厚凝聚中升华出来的宝贵文化遗产，堪为吾等行拳之楷模。

　　余自列汪师门墙后，十余年来对拳艺极虑求精，搜寻探索刻意上进，但仅有些粗浅体会。在众同学和广大爱好者的恳请下，于古稀之年不顾老眼昏花，勉力提笔，搜索枯肠，力求去伪存真，汰繁去滥，树习拳之楷模，规导正途，以不负承传师门拳艺使命之重任。书中不敢存丝毫偏私隐晦，惟恐愧对先师，被视为欺世盗名。撰写本书，旨在明心，愿与各界酷爱此道者共同探求太极拳艺之真谛。由于学浅才疏，难免挂一漏万，讹误纰缪之处，诚请方家鉴审，不吝赐教是幸。

作者

拳苑记事

近半个世纪以来，中国及世界各国人士对太极拳有了一定程度的认识和了解，尤其杨式太极拳所独具的健身、养生价值更令世人瞩目。

但却很少有人知道，在杨式太极拳近百年来的传承延续中，其真谛因前辈拳师缄秘不传而险致湮没。

值得庆幸的是，当年承杨健侯祖师秘传的京都一脉，比较完整地保留了杨家原始拳架的练法和揉手技艺。为此汪公崇禄及先师汪永泉倾注了毕生心血和精力，启幽发微功不可没。

提起此一脉技艺的由来，还要追溯到清朝末年时期。那时，杨公健侯奉召出入贝勒、贝子府邸，教授宗室子弟学练太极拳。当时清朝宗室贵胄养尊处优，注重养生遂成时尚。诸多权贵学练太极拳多出于赶时髦的心态，将其视为消遣解闷的娱乐方式，并不真下功夫。

惟宣宗皇帝之长孙溥伦贝子对杨公健侯在教拳过程中偶尔流露出的太极拳技击功夫产生了浓厚的兴趣，时常将健侯公延请入府讨教拳艺，薪俸优沃，恩宠有加。感于溥伦贝子的知遇之恩与格外厚待，健侯公遂将杨家素不外传之技艺相授。

当时溥伦贝子府中有一位嗜好武术的管家，名汪崇禄。每当健侯公入府教溥伦贝子练拳时，都由他接待侍奉。本有武功在身的崇禄公听到健侯公如数家珍般地讲解拳中精要，深感斯技非同凡响，蕴藏着上下古今、天地万物之至理，又见其所授拳架练法与外界所见所传迥然不同，实是自己梦寐以求的武艺极品，因而对健侯公分外尊崇，时时留意，处处尽心，事无巨细照应得无微不至。

久之，健侯公为崇禄公一片诚心所感，时常抽暇教他一两个拳式。数年之后，崇禄公的太极功夫日深，加之其为人敦厚善良、诚实

守信，深得健侯公赏识，遂欣然收其为入室弟子。

崇禄之子永泉幼而嗜武，七岁开始学布库（满语摔跤术），练得筋骨结实、身手矫健。八岁上随父到杨家行走。健侯公深爱其资质聪慧，允其亦练杨家功夫。命永泉尊其第三子澄甫为师。从此父子相伴时常到坐落在京都西城沟沿头的杨宅向健侯公学艺。永泉也经常受父亲的支派到杨家帮着料理些零活杂事，不时听到健侯、少侯父子们谈论拳技。有时讲到兴头上，少侯便招手唤他上前搭手听劲，以证其所言不虚，由于永泉有"布库"功底，会挨摔而不怕摔，每次被少侯师伯发出的凌厉劲势一连打上几个跟头，总是急急忙忙地站起身来凑到师伯跟前，盼望与等待着其再度出手，因而博得少侯师伯十分欢喜。

当时，人称"大先生"的少侯公出手不留情，发劲凶狠是出了名的。凡被其凌空抛出者尝到个中滋味后，都胆战心惊不敢再靠前。而永泉则经常设法与少侯师伯试手，在被发挨摔中体验师伯的劲路、威力与时机奥妙。但是只能听劲，从来不敢问师伯是用什么劲发的。一连十数年耳濡目染，身领心悟。加之前期有健侯公指点，后期有严父教诲，故永泉公深得杨家内功劲法之真传，尤其在揉手方面很有造诣。在后来的几十年里，他始终坚持早年和父亲一道从健侯公所学的老六路拳架的原始练法所习、所传拳架与杨师澄甫南下上海等地所教的套路动作及练法不一。

汪永泉宗师七十岁时，应聘到中国社会科学院授拳。为了挖掘、继承杨式太极拳的真谛，社会科学院哲学研究所所长齐一、文学所所长王平凡商定邀约树人学习拳艺并记录、整理宗师所授的拳论、拳架之教程，以帮助宗师出书，将这一濒临失传的瑰宝向社会推广。并再三叮嘱树人要亲身将拳艺继承下来以传后世。

那时，余习练太极拳术已有二十余年，聆听宗师入情入理地讲解拳中精要，亲身体验妙趣无穷的揉手内功劲法，顿时醒悟，这才是正宗正派的太极拳艺！额手称庆有幸能与汪宗师结师生之缘，从此便专心致志地学习探讨杨式太极拳的真传技艺。现在杨式太极拳术已经风靡世界，造福人寰，这也是当初杨式太极拳创立人始料所未及者也。

目 录

1	第一章　内功理法
2	第一节　内功理法释要
20	第二节　八种劲法与混合劲法之招中术
30	第三节　六十四种内劲练法
34	第四节　松散通空释义
37	第二章　行拳心法
38	第一节　拳架精义
38	一、习拳阐要
39	二、功法层次
39	三、练拳宜静
40	四、行拳理法
40	五、七个进展阶段
43	六、三层功夫进程
43	第二节　拳架详解
43	一、拳架名称
45	二、歌诀、行拳心法与要点
45	·第一路（第1式～第5式）
79	·第二路（第6式～第7式）
103	·第三路（第8式～第10式）
124	·第四路（第11式～第13式）
133	·第五路（第14式～第17式）
149	·第六路（第18式～第22式）
168	三、二十二式太极拳架连续动作图
180	附：二十二式太极拳架运行路线示意图
183	第三章　拆架拆手
184	第一节　拆架拆手释义
184	第二节　单式拆手之招中术
215	第四章　太极功法
216	第一节　太极功法说明
217	第二节　太极功歌诀与修炼法
217	一、炼神功法
223	二、炼气功法
226	三、炼意功法
231	收功
233	第五章　内功劲法
234	第一节　内功劲法说明
235	第二节　内功劲法的运用
235	一、点的运用
238	二、六断架子
239	三、上线与下线
240	四、各种内功劲的走法
282	五、九曲珠解
284	跋
286	后记

第一章 内功理法

第一节 内功理法释要

练习太极拳必须要内外兼修、融阴阳为一体。欲求太极内功，必须先掌握符合太极拳原理的练习方法。内功理法是培养神意气的必由之路，所以传统太极拳的行拳走架既讲究身形手势，更注重内功理法。二者绝然不可分割。

有很多学练太极拳者因循一种不正确的习拳方式，即先学套路，待套路熟练之后再探研理法，孰不知恰是在如此反复习练毫无理法的空拳架过程中，身形手势已经认同了僵滞有力的错误运动方式，待到想要探究理法时，这种含有僵滞之劲的运动方式已然积习成弊，铸成了很难排除的障碍，以至于日后虽长期盘拳，内劲却总也不能运化，更无法企及豁然贯通的境界。

先师传留下来的正确教拳方式是从一开始就讲明拳架理法，注重以理法引导身形手势的正确运行。拳架之理法对各个部位都有明确的指导意义，遵照先辈传留下来的宝贵经验循序而进，才能尽快地步入正轨以求深造。

杨式太极拳注重内外兼修，要求每招每式中都要有术，术又必须由招式通出。招与术互相依存而相辅相成。不可以先练招后学术，亦不可先学术而后练招。初学时外形招式通过模仿会先掌握，而内功理法由于看不见、摸不着而不易得其要领。因为在初学阶段神意气不听人的意识调遣，招与术的融通不可能一蹴而就。所以学者首先要注重在理法上悉心研究。

拳架中每招每式的演练都要做到拳论所说的"意在先"，自始至终都是以意念引导形体的运行，绝无片刻只在走"空架子"。譬如当"起势"尚未抬手之际，而由静极而生动的起势意念早已开始在周身酝酿，使各部位的内功理法依序到位。

当拳架练习进入中级阶段后，理法颇为繁多，每种招式都有一种固定的理法，此式与彼式间的理法又能相互变换和衍生。当进入较高层次后，理法的互蕴互变是自然产生的，无须大脑思考。先师曾讲，在演练拳架时，招与术相互配合到能随心所欲时，会自然演变出现一种奥妙。全体透空、无我无为之境界是从培养手与腕的柔软开始的，一举一动要完全依赖拳架理法的引导，而后方能逐步进入松散通空的阶段。

图一1 正确 颈后贴衣领　　　　　　　　图一2 错误 故意收下颚

故特别提醒有志于学拳者对拳架理法须认真探索和理解。以下择要介绍拳架理法，并通过正反两面的文图对照形式，加深读者的印象，以免习拳者误入歧途。

一、悬顶

关于"悬顶"，拳谱中有"虚领顶劲"、"顶头悬"、"百会上顶"等讲法。

先师教拳从来不提上述讲法，只讲解秘传的要领"后脖颈蹭衣领"。蹭是颈项松直，微微旋动着向后轻贴衣领。在颈蹭衣领的过程中，颈椎渐渐趋于正直，身体姿势亦会自然中正，在达到立身中正的一瞬，周身会忽然间"一定"，头部适得其中，自然神清气爽，轻松舒适得恍如乌有一般。头部轻松的感觉能令心中舒畅，而内心的舒适感又会自然流露到颜面上，现出微微启唇的笑意，如此周身内外都处在恬静、平和的意境中。经常注意使后脖颈蹭衣领，可以保持任督两脉经气的畅通，气通则血行，从而消除大脑供血不足、颈项长年酸痛、玉枕不通等痼疾。（图一1）

如果不能正确理解颈部松直与头正之间的关连，意识不到头部不正对于拳势以及身体的危害之甚，就会听任头部在不留意间俯仰成弊。

如下颏过于回收，会令头部低垂，颈前受压，呼吸受阻，血液循环不畅，导致精神萎靡不振。（图一2）

 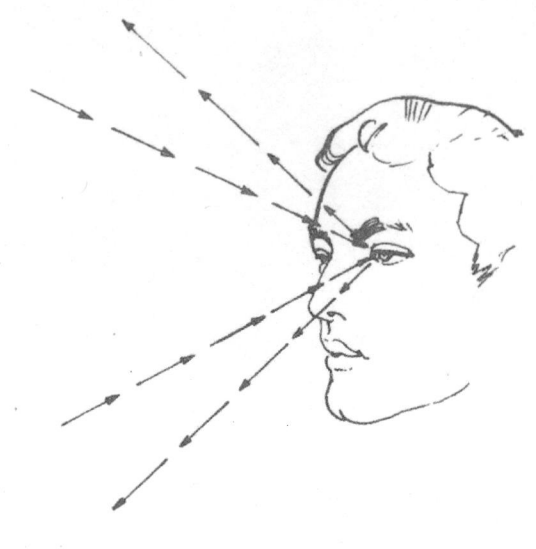

图一3　错误　故意扬头　　　　　　　图一4　眼神自然开合

头部上扬则会令颈后受压，内气只能回旋于夹脊与尾闾之间，而不能贯通玉枕。三关不通则颈项酸痛不适，头部发憋、发涨，甚至导致眩晕等疾患。（图一3）惟有做到了颈部松直才能使头部中正安舒，这在理法中是非常重要的一环。

二、眼神

正确掌握了颈项松直的理法，头部便会空空如也，眼神自然能做到视而不见，并牵连两耳也听而不闻。头部轻松的感觉会使内在之精神舒畅地流露到颜面上，现出微微笑意。

不要把眼神的视而不见误解为眼光凝滞，似一潭静水般没有流动和变化。眼神之出入自然与心意相通而使神气产生开合变化。运用眼神融入拳架动作之中时惟要留意，眼神之出时必定伴之以入，眼神之入时必定随之以出，如此出入相间、循环有致，才能真正做到眼神的运用是阳中有阴，阴中有阳，阴阳相合。（图一4）

当眼神内敛和内视时，并不牵连着眼睑下垂而闭目或眯起眼睛不往前看；当眼神凝视一点时，也并非用力努目。如果不能正确地利用眼神，则会导致双眼努得酸痛，非但于养生无益反而有害。

三、虚腋

人们练拳时通常只注意沉肩，却往往忽略虚腋。误以为肩向下沉坠就是肩部

图一5 正确 虚两腋　　　　　　　图一6 错误 腋不虚臂贴身

的正确动作。其实有意使肩下沉会导致肩头在向下抻拉之力的作用下颇感沉重与疲累。

关于虚腋，先师所传秘法是"腋下夹着两个热馒头练拳"。对此，先师曾举日常生活中的例子细心地点拨道：当你从刚蒸好的热气腾腾的笼屉里往外抓馒头时，那一瞬间的手形与态势就是对虚腋要领的生动诠释。这时手上拿捏的劲道分寸感极强，因为再紧一分就烫手，再松一分馒头又拿不起来，同时也迫使你的手形也非要保持若即若离、恰到好处地虚拢状态。"腋下如夹着两个热馒头"，既浅显又形象地说明了虚腋在松开的同时又要相合那种寓对立于统一之中的奇妙腾虚劲势。盘拳时始终想着两腋下夹着热馒头，则两肩、两臂的内气自会腾然畅行。久习之后便能习惯成自然，虚腋的形成便不必再人为地操作。（图一5）

错误地使两腋虚离开，会导致两肘翘张和两肩僵紧，内气因此受阻。两腋不虚，两臂就会紧贴躯干；肩松不开，内气便受憋难通。（图一6）

四、肘坠腰圈

真正理解了悬顶与虚腋的作用和意义之后，就能正确地处理和体现两肘与腰圈间的关系。对此，先师所传的要领是"肘意坠向腰圈"。所有的太极拳动作都是肘离腰圈最近，肘意坠向腰圈之后才能做到内外相合、以肘带腰或以腰带肘演练拳架，从而自然形成躯干与上肢动作的协调一致与默契配合。

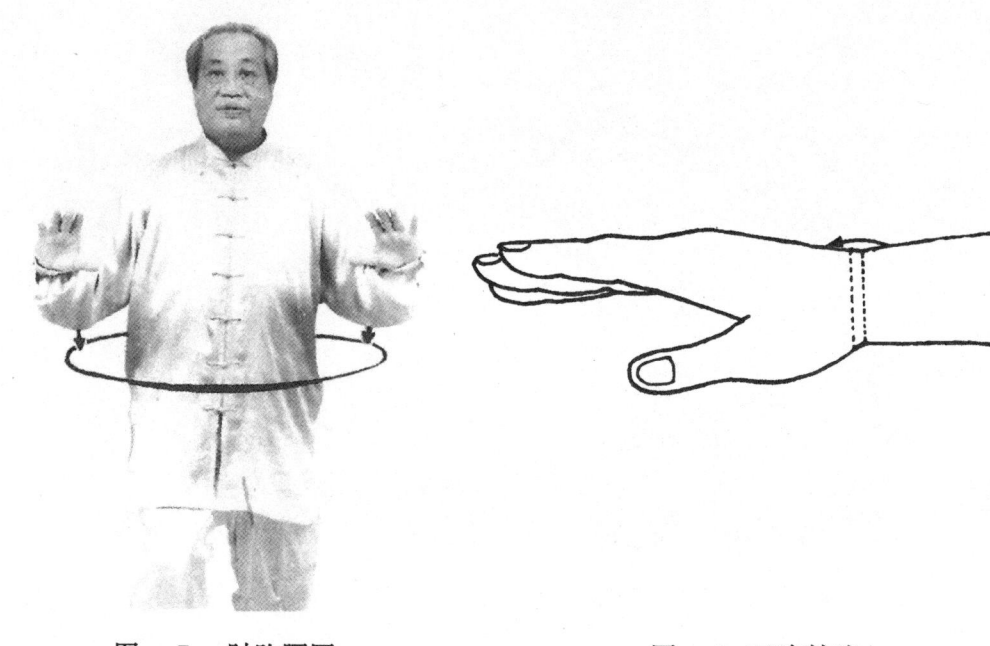

图一7　肘坠腰圈　　　　　　　图一8　正确鼓腕

腰圈是肘的后援，肘的运行始终离不开腰圈的支持和援助，否则，手臂的动作与周身不合，上肢动作势必流于空泛，导致整体姿势的虚浮之弊。（图一7）

肘意与腰圈相互配合，肘自会适度张展，不会内夹躯干和形成90°死角的现象。

五、鼓腕

理解了两肩、两肘的理法后，接着就要探求腕部的理法。腕部的秘传要领是"鼓腕"。但鼓腕不是单从形体上做到将手腕背部隆起。先师曾讲，鼓腕先要使腕部松开，松腕不可在骨肉之形上做左右俯仰的调整，否则左松则右紧，前舒而后张，总也不得要领。应意想腕与手之间犹如脱离开一样，使手松软、旋转灵活，不受腕的牵扯和控制，从而呈现犹如无手般的空灵之感。正如先师所讲"没有手，腕是秃肢"，真正体会到没有手的感受之后，方能实现练拳时梢节柔软，继而才能进入"鼓腕"。从形体上看腕部有微鼓之势，但绝不能以形代意，应意识到形的微鼓是受内气的催促所致。不可片面地模仿鼓腕之形，而忽略了鼓腕之意。当腕部松开时，腕与手之间如隔着一道鸿沟，内气之通出如腾越鸿沟而贯通两岸，此为鼓腕的真实用意所在（图一8）。先师讲，真能进入腕部松开阶段，手腕会有较长一段时期感到不吃力，甚至连提一暖瓶水亦觉艰难。待内气贯足之后，腕内劲不仅能恢复，还会比以前有所增强。

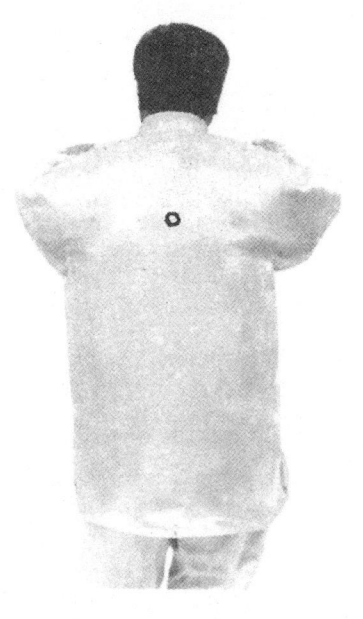
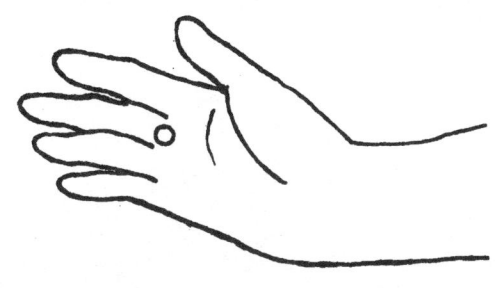

图一9 劲源　　　　　　　　　　图一10 手上劲源

六、劲源

劲源是内劲的发端地。劲源在人体有两处。一处位于背后两肩胛骨下角连线正中。另一处须待内功进入较高层次时出现在手掌心偏上的中指根处,先师传此谓之"劲源上手"。练拳时,背部之劲源是全身内劲的集散之处,每一拳势所需的内劲都要由劲源发出,经两臂的上线或下线通向两手。劲源的运用很有节制,当拳势需要时就催发出相应的内劲通向落点,内劲到达预定的落点后劲源便马上变空,故前人讲劲源的奥妙是"一通即空"。

各种内劲相互之间的转换与变换也要由劲源变劲而达成,例如,当四正内劲改变为四隅内劲时,只要背后劲源内意想的十字微一旋转,形体无须任何变动其正隅就能互变,此谓之"正隅相化"(图一9)。功深后劲源上手,手上劲源之功用与背部劲源相同。(图一10)

要点:手上劲源与背部劲源不可同时应用。待功深后运用手上劲源时,其速度、威力远比背部劲源来得快,即所谓"接手点中求"。

图一11 正确 开胸、张肘　　　　图一12 正确 塞腰、鼓腕

七、开胸、张肘、塞腰、鼓腕与三道气圈

开胸是为了使胸部气道畅通，内气运行无阻。对此，先师所传的秘诀是"胸不开，气不通"。

张肘是为了使肩部松开，通过张肘、松肩而使内气在胸腔周围弥散开来，以消除上半身紧张与僵滞的通弊。对此师传秘诀为"肘不张，肩不松"。（图一11）

塞腰、鼓腕是当内气下行至腹部后，内气向腰胯四周弥散催发而引起的腰部向后依偎、位于胯两侧的两腕向外圆展的态势（图一12、13），以上完全是以意领内气运行引致的身形变化，绝非单纯的形体动作。如果单从形体上去表现开胸、张肘，势必会导致紧张不适的翘肘、耸肩之弊。（图一14）

开胸、张肘、塞腰、鼓腕的意气运行过程是：意想胸部犹如两扇门，门中间下端夹着一块小石子。当用意将门向身后两侧推开之际，会有一种心胸豁然开朗之感。与此同时，小石子直坠腹中，丹田内犹如静水投石，激起道道水圈向四外漫延鼓荡。当内气荡至身后时，腰向后塞的动作便随之而生，继而当内气荡向两旁时，又会促使两腕外掤鼓起；而后内气继续下行至裆间分向两腿内侧前三分之一处向下涌流，经膝内侧、小腿内侧、踝内侧至涌泉，复由踝外侧、膝外侧向胯两侧上行涌流（图一15）。转经臀后向命门流注，再下行至尾闾（图一16），继而由下向前上翻转沿尾椎前侧向上运行至胯间，遂以意气的上行线为中心，以意引领内气向

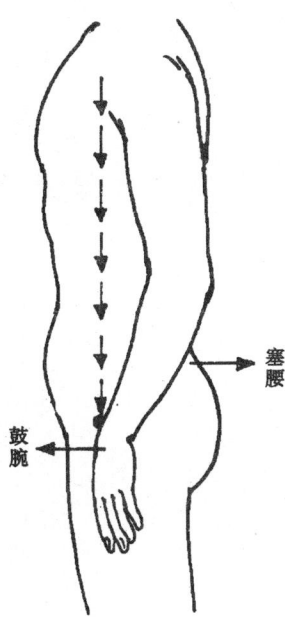

图一 13

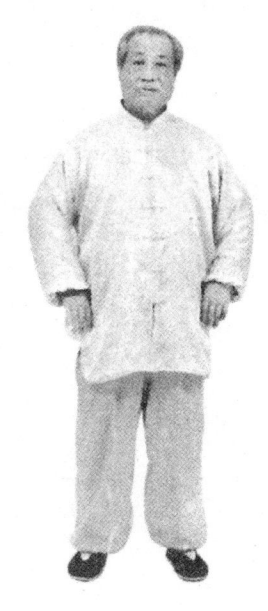

图一 14　错误　开胸、张肘之形

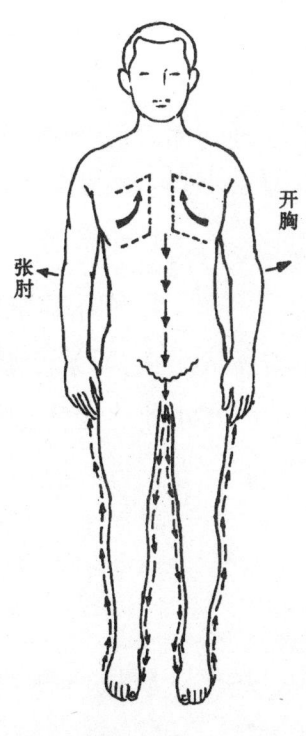

图一 15

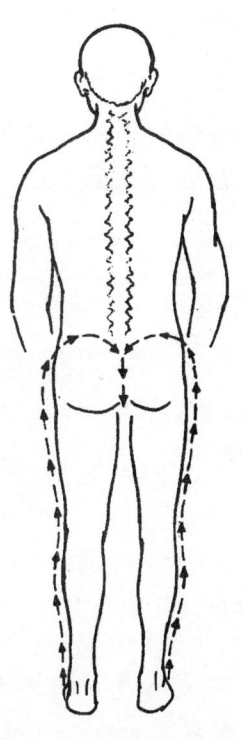

图一 16

注：图中的箭头标示意气的走向，而非形体动作的趋势。

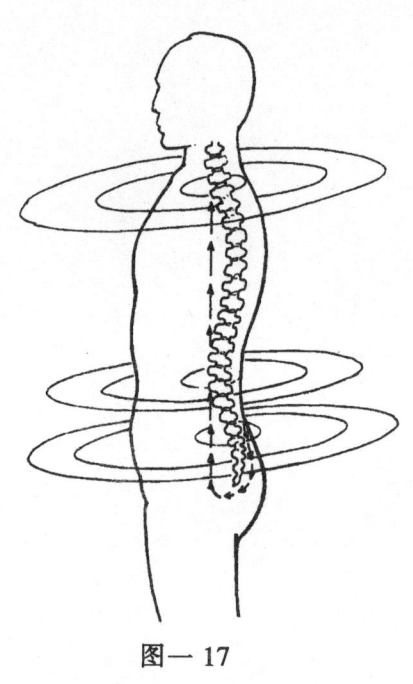 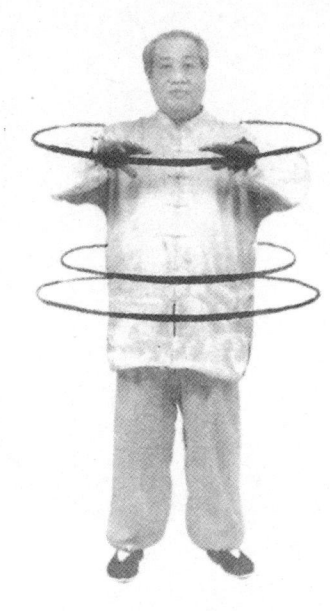

图—17　　　　　　　　图—18

胯四周圆散出直径约1米的胯气圈；同时胯气圈中心的内气仍继续上行至腰间，圆散出直径约80厘米的腰气圈；腰气圈中心的内气继续上行至胸上方，再向四周圆散出直径约1米的肩气圈。（图—17、18）

自意想开胸起到散出肩气圈止，内气运行得流利酣畅时约需两分钟左右。待内功进入较高层次后，内气的运行速度便需快则快、要慢则慢，惟以"气遍全身不稍滞"为要。

初习时，内气运行至转折处，心中必须要有"一静"，此时心不静则以下动作的内气运行走向不明。"一静"之际，内气的运行并非戛然而止，而是渐趋混沌、迷茫。继而从一片寂静中萌生出对气机动向的感知后，内气才随之变换运行方向。内气应毫无滞机地流走在开胸、张肘、塞腰、鼓腕、沿腿下行复上行并散发出三道气圈的全过程中。

八、身如钟

身如钟的喻义在练拳中期体现得尤为真切。在这一阶段，一举手，一投足，周身上下恰似寺院中悬吊的大钟，浑厚、沉稳而又浑然一体。至行拳后期，随着功夫境界的不断提高，周身的虚实动静渐趋空灵，此时行功的意境恰似庙宇内殿檐下悬挂的风铃那样轻巧伶俐、动荡随风。风铃的外部形状与钟相仿，只是体积要小

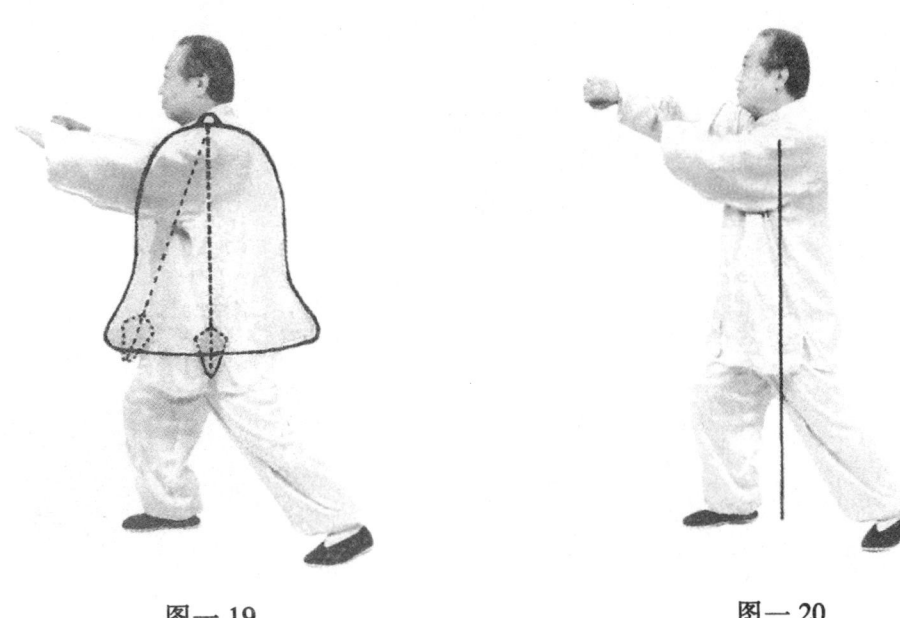

图一19　　　　　　　　　图一20

许多,风铃内下盘悬垂一多棱形的锤,风吹锤摇碰撞铃壁发出声响。

盘拳时意想身体如同一口大钟,钟顶即是肩部,钟顶以下五分之四处为腰部,钟口即是胯部。肩、腰、胯的动转要像套在大钟上一样一动全动、一停全停。身内即是钟内,躯干不能任意扭斜摇晃。钟顶系着一条绳,钟锤悬垂于这条绳的下端。钟锤可在钟口内前后左右直摆或弧形旋摆。初学时,钟锤只能在两大腿间直摆,待运用熟练后才能提至胯圈,功夫达到较高层次时,钟锤能上提至胸口处,还能在胸、胯之间任意地提落和旋转。

由钟锤的摆动而催发出的内劲具有一往无前的威力且不囿于身形的局限。

以钟喻人,钟身即是人之外形;钟锤即是运用内劲的准绳。身形的前后运动,是钟锤的前后摆动所致;身形的旋转,则是钟锤旋摆所致。如此才能做到意先动,继而形动,利用钟锤的动荡使两下肢自然相连相系,下盘动作便既轻灵而又稳固。(图一19)

九、身中垂直线与二四点

身中垂直线是一条意识线,自颈下直垂到两脚之间,太极拳的立身正中、不偏不倚,全赖这条身中垂直线来衡量和实现。太极拳的所有动作都要依靠身中垂直线的移动来确定身体重心的落点并达成上身与两腿动作的上下相随、平送腰胯和协调配合。身中垂直线在养生方面则能起到预防老年人的腰弯背驼、调治胸

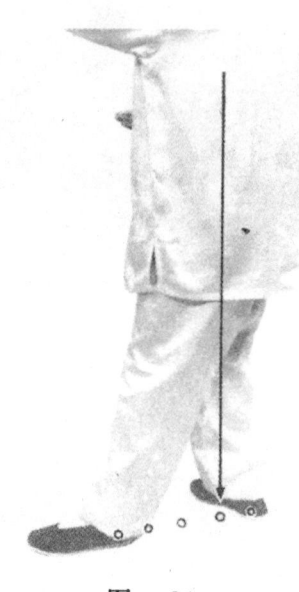 

图一21　　　　　　　　图一22

背不适等作用。（图一20）

步法的进退转换如能依靠身中垂直线的移动来完成，两腿就没有荷重感。

两脚之间共分成五个点，即一至五点。一点和五点分别位于前后脚的踝下与足跟之间；二点临近前足之踝内侧，四点临近后足之踝内侧，三点则在两脚正中央。盘拳时，身中垂直线自始至终都在二至四点间运行，无论做什么动作，它都不应落到一、五点上。

二四点是身中垂直线下端的着落处。当身中垂直线由二点经过三点到达四点时，两腿便自然而然地形成虚步（图一21）；反之，身中垂直线由四点经三点到二点时，两腿就自然转为弓步。（图一22）

运用身中垂直线在二点至四点间运行时，由于运行路线短，不但弓虚步的变换能够迅速、灵活，还能顺遂地实现"平送腰胯尾闾垂"的行拳要领。

假若成弓步时身中垂直线落在一点上，必然使前腿的膝盖超过脚尖，导致身形过度前倾而使前腿负荷沉重。（图一23）

成虚步时，若身中垂直线落在五点上，必然使体重坐实在后腿与后足跟上，从而导致后腿负荷沉重而紧张僵滞、变换不灵。（图一24）

在盘拳时，运用二四点不等于步子小，只会使下盘有活泼轻灵、毫不吃力的感受；相反，若身中垂直线落在一五点上，并不意味着步子放大，只能造成下盘僵

图一23　　　　　　　　　　　　　　图一24

滞、运转不灵；导致变换过程无谓地延长，不能做到步随身换。

因身中垂直线与二四点的运用对于拳势能否正确运行具有举足轻重的作用，故特在拳架图照下方附加身中垂直线的落点与两脚站位的关系图，有心者若细心揣摩，当知其并非虚设。

十、身中垂直线与钟锤

身中垂直线与钟锤虽然在身内所处的位置相同，但所起的作用并不一致。身中垂直线与二四点相配合而使两腿有虚实之分。身中垂直线不能上提下落，只能向前后、左右直摆。当人体直立时，通过身中垂直线的运用，身形可以达到"上下一条线"的立身中正、不偏不倚；行拳运功时则能做到"平送腰胯、手脚齐进"。待功深时，身中垂直线会膨胀粗大，摆动更趋灵活。

而钟锤则既可以向前后左右悠荡，又能旋摆，还可以在胸胯之间上提下落。盘拳时，身体短促、灵动的旋摆和悠荡动作都赖于钟锤从中主导。

身中垂直线与钟锤不会同时出现、同时应用。所谓一心不可二用。当运用身中垂直线时，身中垂直线即出现，用过即消失。钟锤亦是如此。

十一、胸前十字

习太极拳有"手不离口"之说。此处之口并非指嘴，而是胸口的意思。若不明

图一25　　　　　　　　　　　　图一26　竖立三关

此义就会忽略行拳要领中的关键一环。

盘拳时若意想胸前悬垂着一个十字(图一25)，则无论演练什么拳式，两肩都能平正，且身体不会倾斜，故有"势势存心揆用意，得来全不费功夫"和"运用在心"之说。无论手的开出与合回，其意向都要由衷而发。其间，开意、合意皆经胸前十字中心往返贯串，手上之意随之与胸中之意相呼应，此开则彼开，此合彼亦合。此即所谓手从口出、手从口收。而非指手的开合之形而言。譬如当手欲开时，手上的开出之意要与十字中心相呼应，继而以十字中心之意气催促手势的开出方能顺遂。合亦如是，惟方向相反而已。这样才能做到"发于中、形于外、达于四围"，使躯干与上肢在运行中感到舒适、平稳、开合自如。

十二、三关的运用

三关指人体背后的尾闾关、夹脊关和玉枕关。尾闾关位于脊椎骨的最下段，上连骶骨，下端游离，在肛门的后上方。夹脊关位于背部，俯卧时正当两肘尖连线正中处。玉枕关恰在人仰卧时的头部着枕处。

三关的运用方式有竖立三关、领起三关、后撤三关和前长三关四种。

三关的形式与运用皆由意念引导所致，不要把三关所在的局部位置（枕骨、胸椎和尾椎）当成运动的对象来做竖立、领起、后撤和前长的动作。这里所讲的任何运行方式都是以意领内气贯穿三关成一线来完成的。

图一 27 领起三关

图一 28 后撤三关

图一 29 前长三关

竖立三关：意念中犹如一根旗杆由头后经玉枕、夹脊直插在尾闾处，促使身形自然正直、舒适，精神亦随之提起。（图一 26）

领起三关：意想三关由一线贯串自头后向上领起，周身随之舒展。三关领起后可使动作转换轻灵，周身上下毫无重滞之处。（图一 27）

后撤三关：三关之意从尾闾后撤。意想一条贯穿三关的细线从尾闾处向后牵拉而出，由此意带动身形轻松自如地后移。步法依赖三关的前长、后撤所引领而进退，便能举步轻灵、变换自如。（图一 28）

前长三关：拳势到达终点时必有"一静"，内气自然下沉，而三关之意由头后向前上方领起身形，背部气势呈浑圆升腾之态。（图一 29）

图一30 立拳（正面）

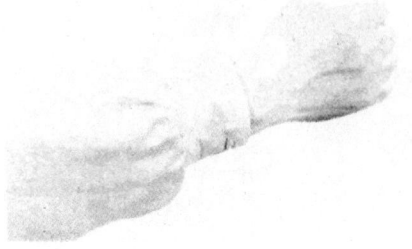
图一31 立拳（背面）

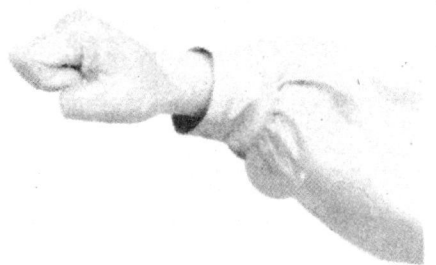
图一32 平拳

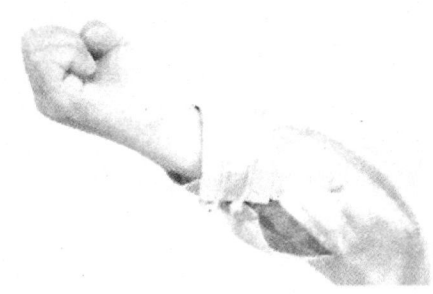
图一33 仰拳

（十三）拳、掌、勾

先师教拳时对怎样握拳、舒掌和成勾的要领讲述甚详，要求也十分严格。拳要求握成平扁方形，拇指贴在食指、中指的第二指节上。先师强调，平时握拳就要养成在手心松握着小气球的习惯，才能使腕部随时随地保持松软圆活（图一30、31）。由于手松握着小气球而使腕部微微鼓起，从拳眼及拳心的角度看，毫无僵滞之力，而在拳的周围则隐隐透出浑圆饱满的气势。（图一32、33）

如此要求握拳，其目的在于培养"手无相"之功。在手中松握一小气球，是为了使内气在手心周流通畅，而不会导致握拳僵滞。要求内气汇集在中指根外侧，是为内气通出手外做铺垫，并使人逐渐淡忘拳形的存在，进而培养和追求"意在先"的行拳意境。

不知握拳的窍要，极易握成"死拳头"，内气不能流通于腕、手之间，会导致拳有僵滞拙力、内劲变换不灵。（图一34、35）

若握拳不正确，错误地追求塌腕、鼓腕之形，会导致腕部僵滞，内气不畅。（图一36、37）

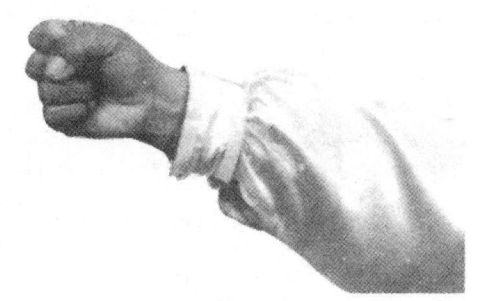
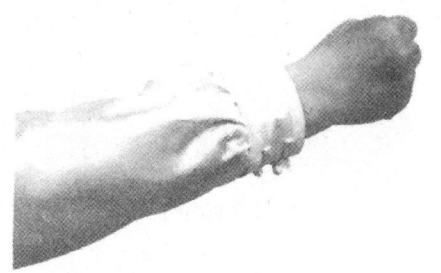

图—34 握拳有力（正面）　　　　图—35 握拳有力（背面）

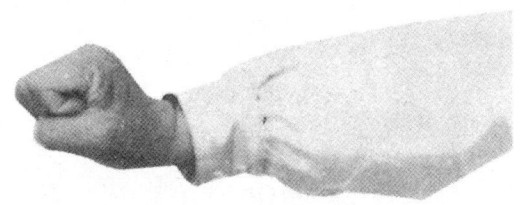
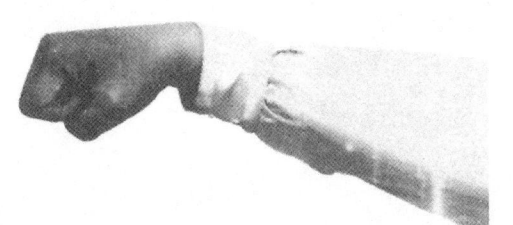

图—36 塌腕之弊　　　　　　　图—37 错误鼓腕

凡拳架中出现的拳型，无论其正斜反侧，如何出入，都不可用做铿锵有力地直杵或横拨。凡出拳务求内气从中指根通出拳外，从而逐渐培养出体现太极拳奥妙的"内劲"。

在由拳变掌或由掌变拳时，必须要经过半握拳的过程。由拳变掌时，通过半握拳将手心松握的小气球在变掌之际催出；而由掌变拳时，则用半握拳将通至手外的小气球拢回手中，而后在成拳之际松握。半握拳是拳掌变换的中枢，是内气在手上往复周流的通道，切不可忽略带过。

由拳变成半握拳时，蜷屈的四指略松展，拇指伸直压盖在拳眼上，仍成扁平方型拳，腕部要有微鼓之意，内气才能通至中指根。（图—38、39）

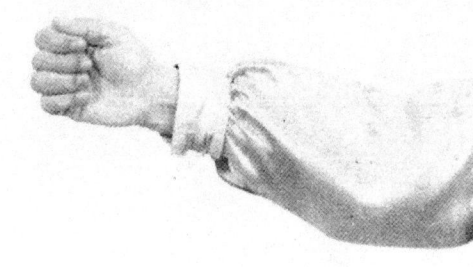
图一38 半握拳（正面）

图一39 半握拳（背面）

图一40 将小气球拢在手心

图一41 舒指催出小气球

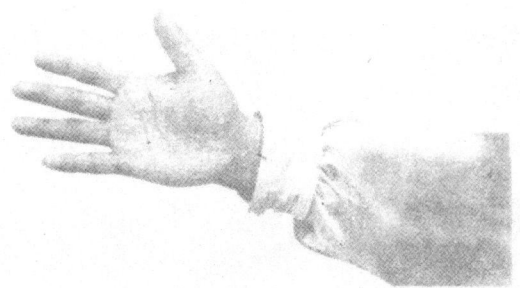
图一42 侧掌

图一43 平掌

图一44 塌腕之弊

图一45 坐腕之弊

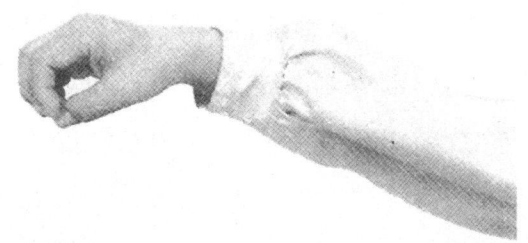
图一46 勾手

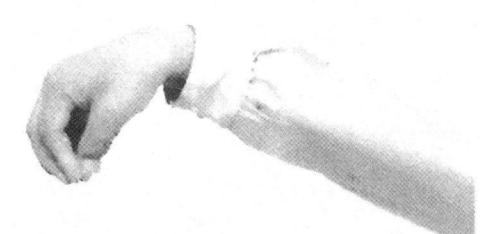
图一47 折腕之弊

由半握拳变掌时，用意将手心拢着的小气球缓缓松开，从中指根部向前催发小气球，屈曲的四指渐渐舒展变成掌。（图一40、41）

由掌变半握拳至握拳时，则依上述动作过程逆向运行。

掌：五指平展，不绷挺，不屈曲。内气弥散于指掌间，掌心自然呈现凹进之意。腕部要松开并有微鼓之意，内气才能由腕通至中指根（图一42、43）。腕部能松开，手的旋转才能轻灵自如，动作没有滞碍牵绊。

不能正确理解掌的含义，会形成塌腕和坐腕的错误。塌腕会使内气的运行在腕内侧受阻；坐腕则会使掌根僵硬，导致腕部动转不灵。（图一44、45）

拳架中用掌之处甚多，若掌型不对，内气便松散不出，难以做到沾粘连随，也就无法进入身无形、手无相的境界。

勾手仅存于"单鞭"一式中。勾手时要五指松垂聚拢，手中含着一个小气球，腕部有鼓起之意，内气才能畅通无阻。（图一46）

易犯错误：将手指肚紧捏在一起，腕部屈曲而有拙力，勾尖僵硬而使内气不通。（图一47）

第二节　八种劲法与混合劲法之招中术

一、八种劲法的招中术

要理解和体现内劲的八种不同走向，先要明白内劲的蓄与发完全是以意领形、以内气催姿势完成的。先师曾明示，练得有了内劲固然好，但内劲必得经过招式通出才能发挥作用。形体的姿势做得再漂亮，没有内劲与之融会贯通也是空招。为避免只提姿势或单讲内劲的片面误导之嫌，故以下将招式与内劲的融合练法统称为"招中术"。

在招中术的运行过程中，招（姿势）的运行状态是可见的，而术（内气）的流动则不易被功力尚浅的人所觉察。然而长期练拳者进入中级阶段后，以内气催姿势完成的拳架确实给人以气势浑厚、运转自如的舒适之感。

掤式的招中术：人们常常误将手形的向前上掤捧的举动当做是掤式的全部，而忽略了掤内劲。

掤内劲的运行是心中一静，内气沿身中垂直线落到两脚之间的地面后自然向四面弥漫散开（不要留意内气入地向四外弥散的过程，否则会导致两腿的僵直与僵滞）。而后用意领内气在两腿前方如同气柱一般升腾而起，同时催促两手向上圆转运行。此为掤内劲催促两手完成掤的姿势。（图一48正、侧）

捋式的招中术：人们往往认为捋式是指以双手将物捋回的动作，其实，这只是单纯手形的走向。捋式是以捋的内劲催动身形、手势完成捋之姿势。捋有一捋、二捋、三捋的过程。将做捋式之际，先意想身前似有一把剑，剑尖朝向胸前十字中心，当一捋之时，意气托着剑拢向胸前。在这个过程中，内气的运行有两种变化，即在胸前由开转合又透达从背后向外散开。以内气的如此运行来促使身形与两手平行后偎；二捋之时，心中一静，意气托着剑继续后拢，使剑尖透至背后劲源。内气的运行依旧是由开转合，再从背后向外散开，促使身形与两手继续后偎；

图一 48(正)　　　　　　　图一 48(侧)

图一 49(正)　　　　　　　图一 49(侧)

三捋之时，心中一静，意气托剑继续深入，剑身尽没入胸中，仅剩护手（剑格）于胸前。内气的运行依旧是由开转合，再从背后向外散开。如此使内气第三次促使身形与两手向后依偎。注意：在一捋、二捋、三捋之间，内气的运行必须要有短暂的一静，否则就会导致行拳的"合中合"之忌。捋的身形、手势必须依靠捋的内劲促使完成，才能逐步求达阴阳各半。（图一 49 正、侧）

 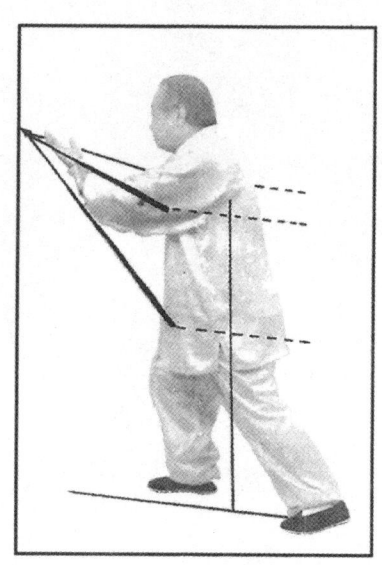

图一50（正）　　　　　　图一50（侧）

挤式的招中术：做挤式时，右肘端要调向胸部中心前方，使前臂斜立于胸前，左手食指、中指、无名指的指肚扶贴在右腕内侧下方三寸处。意想周身的轮廓形成一个大立圈，内劲从劲源经两肘、两腕通至两手的中指根。

心中一静，内气沿身中垂直线落于贴近后脚的四点处，以身中垂直线催动大立圈，以大立圈催动肩、腰、胯三道平气圈向前平移，后脚之意从前脚脚底向前平催（非用后脚催攻前脚），同时以中指领内劲向前方集束，带动身形向前平移。（图一50正、侧）

挤式的招中术之要点在于内开外也开，大立圈的外缘与中心点齐动催向集束点，才会产生威力与效果。三道平气圈、大立圈和身中垂直线的趋向一致，不可突出其中任何一环，这是"平"的关键。

先师传授的行拳要领讲"平难找"，而催发挤内劲的关键就在于引导内劲的运行总是在"平中进"，此须悉心揣摩方能有所感悟。

按式的招中术：人们往往认为按是自上而下地将物体按下去，于是完全以身形手势的下沉来表示按的含义，从而导致拙力伴随着僵硬的身形同时出现。

按式的招中术是双手犹如扶在箱子盖上，按之意要作用在箱体后侧的合页上，并非以双手将箱子盖掀起。以箱喻人，按之内劲要透达前下方，同时将三关向上领起，其势有如将物粘起而产生上掀之意。（图一51正、侧）

 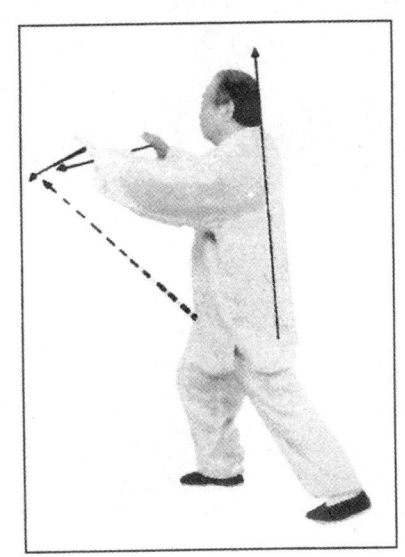

图一51（正）　　　　　　图一51（侧）

采式的招中术：采式并非以手向下拉拽而成，靠手拉拽的"采式"，无论怎样苦练也不会有采内劲与之相伴随。

采内劲由劲源透达十字中心向前圆散而出，意想右手犹如扶在沙窝的边缘，随即心中一静，使圆散出的内劲向后下方旋转，促使右手沿顺时针方向微旋，以掌心由沙窝边缘旋采向沙窝之底。尤要注意采内劲的旋转幅度甚小，手上只可有沾粘之轻劲而全无拉拽之形。（图一52）

挒式的招中术：挒式也并非由手形横拨而成，靠手横拨的挒式不会有挒内劲的蕴含和体现。

挒内劲由劲源透达十字中心向前圆散而出，意想右手犹如扶贴在沙窝底之右侧，心中一静，使圆散出的内劲向右侧上方旋转，促使右手沿逆时针方向微旋，由沙窝底旋挒向沙窝边缘，应注意挒内劲的旋转幅度甚小，手上只有沾粘之轻劲而无横拨之形。（图一53）

肘式的招中术：走肘劲不是指用肘端做出的动作姿势。实际上，肘内劲是一种集中劲，是将背后圆散的内劲通过肘端集束之后发出。当肘内劲通出时，无需肘的形体动作配合，切不可用肘的动作替代肘内劲。（图一54正、侧）

靠式的招中术：走靠劲无需掺杂肩部的前俯和侧倾动作。实际上，靠是一

图一52　　　　　　　　图一53

种分散劲，由背后透达肩前向四外散发而出。切不可用肩部所演示之靠的动作来替代靠内劲。（图一55正、侧）

二、混合劲法之招中术

以上介绍的是掤式含掤内劲、捋式含捋内劲等外形姿势与内劲相辅相成的八种劲法的走向，在这种一式含一劲的固定招术演练纯熟并能相互融通之后，才能进一步探求不同的外形姿势与内劲的相互混合与变化，演进为按式含掤内劲、捋式含采内劲等混合劲法的招中术。

从理论上讲，各种内劲都可以相互混合，在任何一种姿势中发挥作用。在太极功夫进入化境后，便"掤捋挤按皆非似"，内劲的运用随心所欲，无须刻意地安排和调动。

若按照练习步骤来进行学练时，则必须依八种劲法的大致走向进行划分，如掤、按、挤内劲虽有上中下之分，但它们总体的趋势都是向前流走的，所以将这三种内劲融为一体会和顺而自然；采、挒、捋内劲都有向后的总趋势，只有后上、后下和平后方的区别，所以这三种内劲相互融合起来也会自然顺遂。而肘靠内劲的融合可以说是与生俱来的，发肘内劲若缺了靠内劲的参与或发靠内劲少了肘内劲的辅助，气势都难以圆融和浑厚。

图一 54（正）　　　　　　图一 54（侧）

 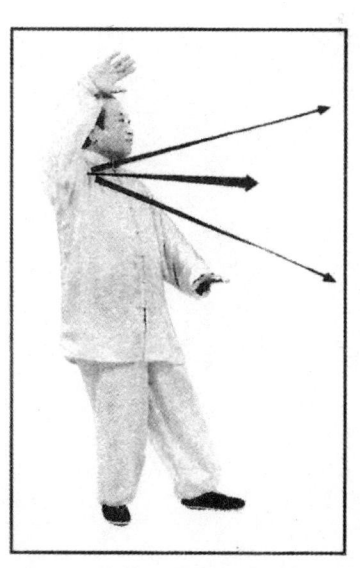

图一 55（正）　　　　　　图一 55（侧）

第一章　内功理法

 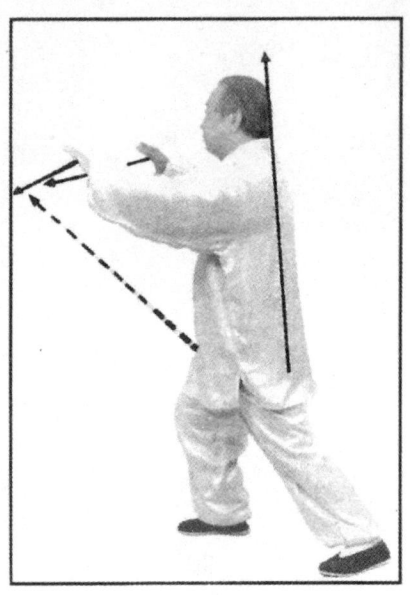

图一51(正)　　　　　　图一51(侧)

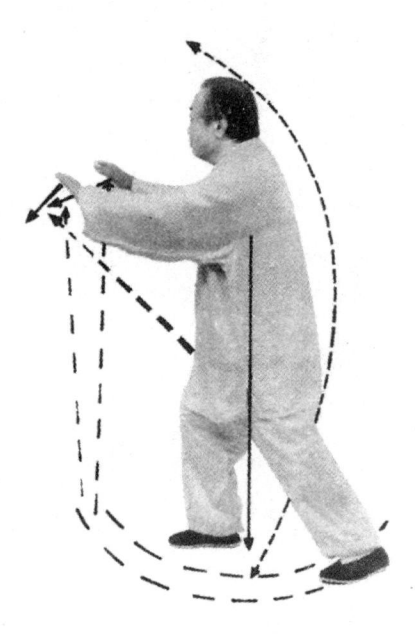

图一56

按式含掤内劲的招中术：首先，不要误会此处是要将按式和掤式这两种姿势相混合，两种不同的形体动作从来都无法掺混在同一时刻做出来。而内劲的流动则不拘形式，亦不受任何外在因素的限制，可以通过各种方式来达到相互交流与混合的目的。

其次，按式是通过按内劲催发完成的。在熟练掌握了八种劲法的不同走法之后，所有的拳架姿势都融入了相应的内劲，再无一个空架子虚设在套路之中。以后所讲一式必含一劲，不再赘述。

最后，将掤内劲在按式中通出，达成按掤内劲的混合（按式参见图一51正、侧的动作姿势；掤内劲参见图一48正、侧的内劲走向）。走按式含掤内劲时，内劲要由身后之劲源向身后上下圆散，下行的内劲

图一 48(正)

图一 48(侧)

图一 49(正)

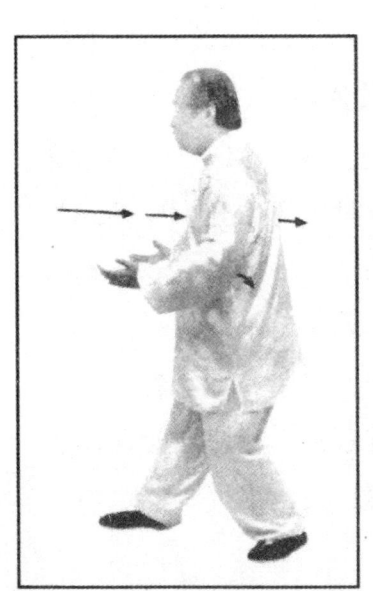
图一 49(侧)

图一 52

图一 57

第一章 内功理法

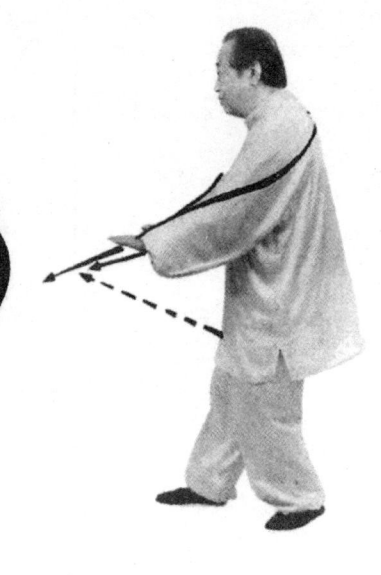  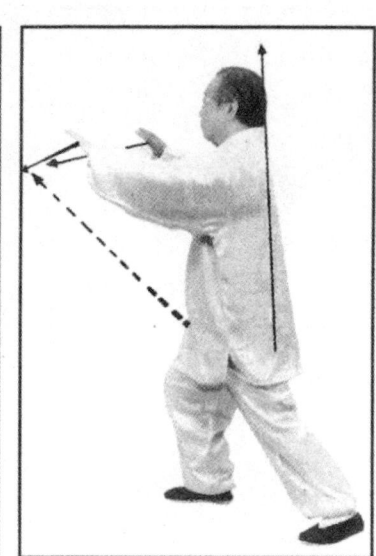

图—58　　　　　　图—51（正）　　　　　图—51（侧）

由按转掤援助掤劲的升腾；上行的内劲由掤转按援助按劲的催发。（图—56）

捋式含采内劲的招中术：捋式参见图—49正、侧的动作姿势，采内劲参见图—52的内劲走向。在做捋式的同时，意想腰圈如同一个大沙窝的边缘，双手沿腰圈前缘向后下采入大沙窝之底部，同时身形自然向后依偎。（图—57）

踏按混合内劲的招中术：内劲由劲源松沉到手上，手心朝下，手中如虚含着一个小气球，要使小气球像足之踏地一样沉稳、垂直地向下松落（图—58），同时伴随着按内劲（按内劲参见图—51正、侧的内劲走向）一起发出。注意：发踏按内劲时要以一手为主，另一手为辅，否则会导致内劲的双重。

踏采混合内劲的招中术：内劲由劲源松沉到手上，手中如虚含着一个小气球，要使小气球像足之踏地一样沉稳、垂直地向下松落（图—59），同时伴随着采内劲（采内劲参见图—52的内劲走向）一起发出。注意：发踏采内劲时也要以一手为主，另一手为辅，以免导致内劲的双重。

肘靠混合内劲的招中术：肘内劲是集中劲，靠内劲是分散劲，将肘靠内劲混合起来，同时发向身前的两个隅角。以走右肩、右肘混合内劲为例（图—60），肘劲是向右前方集束，靠内劲则向左前下方散发。

掤按挤混合内劲的招中术：内劲可以做到三至五种的混合。掤按内劲与

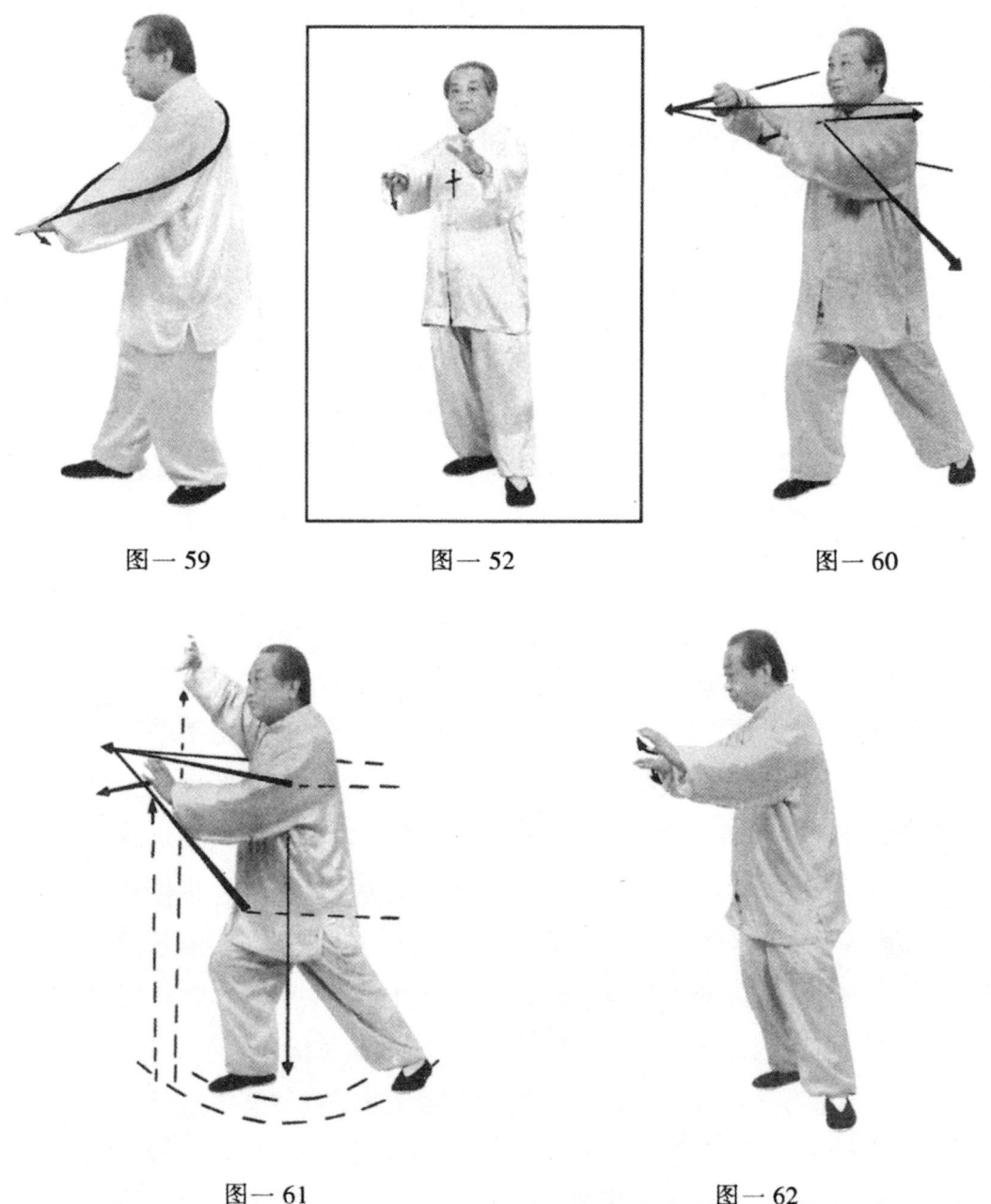

图一59　　　　　图一52　　　　　图一60

图一61　　　　　　　　　图一62

挤内劲混合在一起向前发出时，要用挤劲督促着掤按内劲的前行。要使以上三种内劲在一瞬间圆融地混合在一起，不可有先后之分。（图一61）

采挒捋混合内劲的招中术：将采挒捋内劲混合在一起，同时向右后方发出（图一62）。右手由意想的沙窝之边采向沙窝之底，左手由沙窝之底挒向沙窝之边，同时伴随着身形向后依偎而使捋内劲由前向后流走。如此便可将采挒捋内劲于一瞬间融在同一式中，一起向右后方运行。

第三节 六十四种内劲练法

　　一般学拳者通常掌握了八种不同的运动姿势，如掤的手形、捋的手形、挤的手形等等，手的形体不可能同时做出两种姿势，如，表现掤的动作时不可能同时做出按的手势。所以，单一地以手势演练拳式不可能做到混合劲法。而内劲则不受手之形状所拘，故前人演练拳时，才会有八八六十四种内劲可以任意地混合演练之说。当盘练拳架进入较高层次时，就要学习用同一种身形手势来演示和运用各种不同的内劲。真正掌握了掤、捋、挤、按、采、挒、肘、靠八种内劲的理法后，就可以在盘练拳架时随意安排各种劲法的运用顺序。如可在练第一遍拳时由始至终用掤内劲演练（谓之用掤架子练），第二遍则用捋内劲演练（谓之用捋架子练）……以下可依八种劲法的顺序演练，也可穿插以各种内劲来盘拳架。如此长期换劲演练拳架就能逐渐掌握混合内劲，待内劲运用自如时，手上做出的每一种动作都可以伴之以各种内劲与之同出。这样，拳架的结构虽固定不变，但每做一式就有一种或两种以上的内劲同时通出，就能从中衍生出无穷变化，使拳势的运行丰富多彩。由此才能掌握太极拳较高层次的八八六十四手之奥秘。

　　以掤的内劲盘练拳架中的八种手势，称之为以掤架子盘拳；以捋的内劲盘练拳架中的八种手势，称之为以捋架子盘拳，以下列表具体说明：

棚内劲 ┌ 与拳架中的掤内劲相伴随而演练掤式
      │ 与拳架中的捋内劲相伴随而演练捋式
      │ 与拳架中的挤内劲相伴随而演练挤式
      │ 与拳架中的按内劲相伴随而演练按式
      │ 与拳架中的采内劲相伴随而演练采式
      │ 与拳架中的挒内劲相伴随而演练挒式
      │ 与拳架中的肘内劲相伴随而演练肘式
      └ 与拳架中的靠内劲相伴随而演练靠式

捋内劲 ┌ 与拳架中的掤内劲相伴随而演练掤式
      │ 与拳架中的捋内劲相伴随而演练捋式
      │ 与拳架中的挤内劲相伴随而演练挤式
      │ 与拳架中的按内劲相伴随而演练按式
      │ 与拳架中的采内劲相伴随而演练采式
      │ 与拳架中的挒内劲相伴随而演练挒式
      │ 与拳架中的肘内劲相伴随而演练肘式
      └ 与拳架中的靠内劲相伴随而演练靠式

按内劲 ┌ 与拳架中的掤内劲相伴随而演练掤式
      │ 与拳架中的捋内劲相伴随而演练捋式
      │ 与拳架中的挤内劲相伴随而演练挤式
      │ 与拳架中的按内劲相伴随而演练按式
      │ 与拳架中的采内劲相伴随而演练采式
      │ 与拳架中的挒内劲相伴随而演练挒式
      │ 与拳架中的肘内劲相伴随而演练肘式
      └ 与拳架中的靠内劲相伴随而演练靠式

挤内劲	⎡ 与拳架中的掤内劲相伴随而演练掤式 　与拳架中的捋内劲相伴随而演练捋式 　与拳架中的挤内劲相伴随而演练挤式 　与拳架中的按内劲相伴随而演练按式 　与拳架中的采内劲相伴随而演练采式 　与拳架中的挒内劲相伴随而演练挒式 　与拳架中的肘内劲相伴随而演练肘式 ⎣ 与拳架中的靠内劲相伴随而演练靠式
采内劲	⎡ 与拳架中的掤内劲相伴随而演练掤式 　与拳架中的捋内劲相伴随而演练捋式 　与拳架中的挤内劲相伴随而演练挤式 　与拳架中的按内劲相伴随而演练按式 　与拳架中的采内劲相伴随而演练采式 　与拳架中的挒内劲相伴随而演练挒式 　与拳架中的肘内劲相伴随而演练肘式 ⎣ 与拳架中的靠内劲相伴随而演练靠式
挒内劲	⎡ 与拳架中的掤内劲相伴随而演练掤式 　与拳架中的捋内劲相伴随而演练捋式 　与拳架中的挤内劲相伴随而演练挤式 　与拳架中的按内劲相伴随而演练按式 　与拳架中的采内劲相伴随而演练采式 　与拳架中的挒内劲相伴随而演练挒式 　与拳架中的肘内劲相伴随而演练肘式 ⎣ 与拳架中的靠内劲相伴随而演练靠式

肘内劲 ⎰ 与拳架中的掤内劲相伴随而演练掤式
　　　　 与拳架中的捋内劲相伴随而演练捋式
　　　　 与拳架中的挤内劲相伴随而演练挤式
　　　　 与拳架中的按内劲相伴随而演练按式
　　　　 与拳架中的采内劲相伴随而演练采式
　　　　 与拳架中的挒内劲相伴随而演练挒式
　　　　 与拳架中的肘内劲相伴随而演练肘式
　　　　 与拳架中的靠内劲相伴随而演练靠式

靠内劲 ⎰ 与拳架中的掤内劲相伴随而演练掤式
　　　　 与拳架中的捋内劲相伴随而演练捋式
　　　　 与拳架中的挤内劲相伴随而演练挤式
　　　　 与拳架中的按内劲相伴随而演练按式
　　　　 与拳架中的采内劲相伴随而演练采式
　　　　 与拳架中的挒内劲相伴随而演练挒式
　　　　 与拳架中的肘内劲相伴随而演练肘式
　　　　 与拳架中的靠内劲相伴随而演练靠式

第一章　内功理法

第四节　松散通空释义

很多习拳者虽深知盘拳须周身放松，无一处用力、无一处僵滞的要求，却因不得要领而很难真正做到。人们往往只知道要放松肢体去练拳，这样从形体动作上看起来好像很柔和、很优美，但周身或多或少总有一部分并没有放松。尤其是由于内心总在害怕动作做得不够放松、不够柔和，一颗心老悬着放不下来，周身也就始终处在局促紧张的状态中。前辈称此种练法为"揪着心练拳"、"姿势不圆"、"没有腰腿"。

学练者往往将"没有腰腿"误解为腰腿的柔韧性差，于是下功夫抻腰拉腿和苦练桩功，练得上身松软、下肢僵硬，因而导致大半截拳的形成，上下气息不能融会贯通，松腰松腿便无法实现。其实，实现松的障碍就是行拳者自身急切求松的意图。人们往往是这样，越是急切地想放松，心情反而就越紧张。刻意追求和意念过重的结果恰恰导致了与真松境界的背道而驰。所以心静、无为才是实现松的前提和保证。

松散图示

图一63

练拳首要心静。心静非指强令内心镇静，而是要使急切求松的心情趋于缓和、坦然和宽松，继而才能进入无欲无求之境界。

单一地求松并不能做到真松，意气在纵向松落的同时伴随着横向开展的散是实现松的关键。松与散是统一体,不能松就不能散,没有散也就不能做到松。明白了它们之间这一相辅相成的关系才能进而感知其中的奥妙。

第一步要知道往何处松散。不要认为肩松是要向下松到腰胯,腰胯松是要松到腿足,这样腿足松就再也无处可松下去,只好承受负荷,从而导致腿足僵滞不灵。此皆为有松无散之弊,不能做到周身上下同时放松。

打个比方,人身好比各楼层都堆满了东西的一座楼。松散通空的目的是要将充塞于楼内的物品全部腾空,而并非将某一楼层的物品上移或下挪到其他楼层。负荷的转移只能加重另一层段的载重量,并不能真正做到松散。松散的意境是将羁困全身的意气逐层段地松开并平行散出身外,这样才能达到一身舒适、同时放松。这便是纵松、横散之意的走向。(图一 63、64)

如果说"松散"是第一步,即求达全体透空的前提,那么第二步"通空"才是目的。将意气平行散出身外这一过程即与通出相关连,通是散的延伸和发展,不能通出也就不能很好地做到散,散与通也是相互依赖、不能分割的。能够通出,身体才能逐渐变得空灵。最后,全身犹如空楼一座,筋骨皮肉仿佛都已荡然无存,这时便手不知其所舞之,足不知其所蹈之,悠然进入无我无为、全身透空的境界。

松散之顶视图

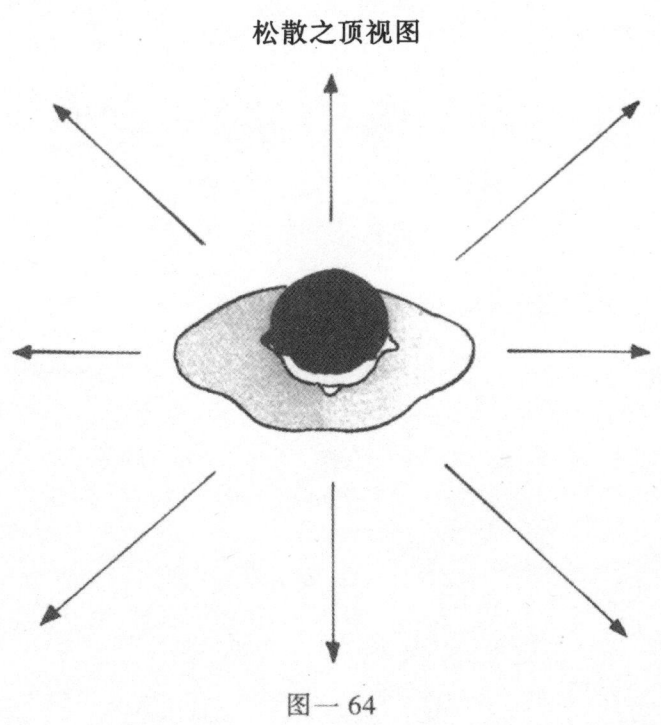

图一 64

第二章 行拳心法

第一节 拳架精义

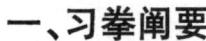

一、习拳阐要

通常人们学拳，总习惯于先"划道儿"，即按照教拳者所做的姿势一招一式地模仿着比划下来，而后再从整套拳架的反复练习中去揣摩和摸索太极拳的运动规律与每个动作的内蕴。这样容易使形体动作先入为主地占据人的意识而长期被羁困在由形体姿势构筑的圈子里，周而复始地苦练僵硬、呆滞的形体动作，几年甚或几十年都无法走出这个误区。

而先师授拳之始，就明确地把拳架一招一式的意蕴内涵告知徒众，让大家在接触拳架之初就开始学习、体会在太极拳中起主导作用的神意气对形体动作的引领和催促，这样，在初学阶段对拳式动作的学练进展速度虽然显得慢一些，但从真正地掌握和理解太极拳艺的长远观点出发，此举却不失为一条事半功倍的习拳捷径。所以，学拳伊始，就应同时掌握每一拳式中的意与形。从一式的起始、运行、终止、变换到一下式的过程中，意与形必须要表里相通，以意导形才能使拳式动作做得闲适自在、轻松圆活，毫不僵滞。

这里尤须引起注意的是：初学者往往偏重于形体动作的走向。因为形体动作显于外，通过观察、模仿便可学会；而神意气的走向隐于内，尤其在没有感知神意气走向的初期阶段，的确不易把握其流走的脉络。习拳者必须要按照拳式要领的提示，在反复演练的过程中细心揣摩而逐渐领悟神意气的主导作用，并使之日趋深入地融贯于拳势之中。故而在初学阶段切忌贪多求快，应使每一式动作都切实体现"意在先"、"以意导形"的行拳要诀，从而求达"放松"这一基本要求的实现。

在这里尤要明确地指出，形体的开合与呼吸无关。不要牵强地导致"开为呼、合为吸"的拳势与呼吸相杂糅。从根本上讲，这种呼吸方法是与太极拳"放松"的基本要求完全相悖的。

练拳时每分每秒都应处于自然呼吸的状态，与日常生活中的呼吸一样，应毫不留意何时呼、何时吸，才能真正做到"行拳中不知道呼与吸"，俟后才能进入以气(真气)运身的阶段。

二、功法层次

凡习练太极拳者,都是从盘空拳架起步的,很少有人一开始就能理解拳架之灵魂——"内功理法"之三昧,俟后虽知内功之重要与必要,却很难将其融入因长期演练而已然形成僵化的拳架中去,导致功夫进展彷徨不前,屡屡应验前辈留下的"学拳容易改拳难"之说。这些经验尤应引起我辈的高度警惕。太极拳是阴阳之道,习练时定要形体动作与内功运作同时进行,才能达到内外兼修之目的,人的体魄是先天之本,而内功是后天之术,不同时习练招与术就不能掌握太极拳"阴阳各半"之旨要,故初学者一定要按照功法的层次要求循序而进。开始学习时要注意初级阶段的要求,一切从无开始,不单要注意身形手势的到位,更要注意身形手势的一举一动都是依内功理法而行。遵循前辈指引之"招中有术"的途径,逐步进入"术从招出",才能体现招与术相辅相成的关键所在,这样一步一步进入从无到有阶段,逐渐了解、体现内功理法之必要性与重要性。

拳架介绍以中级阶段内容为主,讲述诸多理法的体现方式来引导人们在行拳过程中认识并掌握它。在这个从简到繁的过程中,应极为注意要依赖"心劲",前辈有"运用在心,有心不用何时晓"的说法,这里的心并非是指心脏之本体而言,是指胸前十字的中心处,虽至今科学领域尚未能透彻地解释这种"心劲"之原理,但它确是生发奥妙之源泉。

高级阶段要从繁到空,达此境界需循序渐进地揣摩自悟,不是用言语所能解释清楚的。功至高级阶段,如同"车到山前必有路"一样,它是渐行渐深地进入太极佳境的,终至随心所欲。故前辈讲太极拳练到一定的境界时,则掤、捋、挤、按皆非似,即掤非掤,采非采,每一举动都有多种内劲混融相抱,无一不是神意气变化之所为,手非手,足非足,全体透空,进入化境。

三、练拳宜静

练习太极拳,尤需择一安静的练拳场所。避开不必要的外界干扰,专心致志地在内外皆静的状态中探究拳势理法和各种劲法。

盘拳过程中不要有音乐伴奏,否则很难做到心静。心不静则意难专,尤其初学者更是如此。在四外皆静的环境中,容易进入视而不见、听而不闻的行拳状态,收到满意的练习效果。

四、行拳理法

本章侧重介绍太极拳中级阶段的行拳理法。拳架中渗透了各种理法后会自然形成一种奇妙的运动规律,各种内功劲法会随之贯通于每招每式当中。

为了便于读者记忆和掌握,在每式拳架中只讲一两种理法,但并非这一两种理法只出现和运用在这一拳式中,各个拳式所蕴含的理法都是互相关联而又相互融合的。限于篇幅,我们不能在所有拳式中将每种理法逐一尽述。希望读者能正确理解其意并在盘拳时反复穿插体认,以实现对各种理法的融会贯通。

譬如说,开胸、张肘、塞腰、鼓腕的理法不仅仅是针对"起势"而设,应该自始至终都要保持这种意蕴内涵。非但盘拳如此,学练"太极功法"和揉手时亦要保持开胸、张肘、塞腰、鼓腕的理法不变。又如,"屈肘进身、直肘撤身"的理法是在二十二式拳架演进到一半的时候介绍出来的,要在理解和掌握了这种理法后使之前后一致地贯串到整套拳架中去,渐使各种单一的劲法在各式中相互混合,直至两种、三种或更多种的劲法融在一起。将单一的劲法融成混合劲法,需要悉心的揣摩和体认,学拳的过程就像画油画一样,由各色油墨层层叠叠地勾勒出一幅美丽的画面。

待功夫娴熟并具备了较高水准后,可将各种单一的劲法混合在一起,不分先后地通出。前人所传之"掤、捋、挤、按皆非似"的发劲方式,能使人不知我劲,而我独知人劲。如果双方皆具较高的内功修养,就要较量哪一方的混合劲融合得更为巧妙和浑然无迹。

修炼太极内劲是沿着从无到有、自有而繁、由繁而精这条发展轨迹进展的。学拳如同爬山,开始时一步一步跋涉艰难,待攀登到山顶就能高瞻远瞩,心明眼亮,自然明了太极拳的内功混合劲法的奥妙。

五、七个进展阶段

太极拳理深奥难通,且实际练习起来常常失之毫厘,谬以千里,许多钟爱此拳之士穷毕生精力仍不解其中奥秘。

其实,从杨家秘传的太极拳七个不同层次的进展阶段中,就明确地指出了太极拳艺循序渐进的练习步骤和各个阶段应该侧重的练习内容和方法。借鉴前人宝贵的练习经验指导自身的练拳行动,才能事半功倍。

在介绍七个进展阶段内容之前，有必要提请读者注意，要尽快弥合一个长期而普遍地存在于太极拳同好中的缺漏：那就是大家在练拳时眼前所见、心中所想、手足在运行着的仅是太极拳运动的一个侧面——即太极图中白色的部分所显示的阳面运动。

太极图的阴鱼阳鱼头尾相连，喻意阴阳相合而循环无端。失却了阴或缺少了阳的参与，都会导致"孤阴不生"、"孤阳不长"，阴阳不能相辅相成，太极拳运动就只剩下了一个徒有其名的空架子，纵然长期苦练，亦不能豁然贯通。

要留心把握拳架中并不流露在表面形式上的阴面运动——即隐匿在拳架中的"内功理法"、"内功劲法"和"养生之术"，这才是引领人们掌握太极拳之真谛的指南。当然，把握阴面运动的特点和规律，并非一日之功。直到悟出了太极拳阴阳相生而又相济的道理并感而遂通之后，才可能将原来本末倒置的练习方法扭转过来，进而一步一步地自然明白千变万化的内功劲法原本都是出自阴阳相生之理。若能切实参照以下七个行拳步骤而行，则可望知一行二，求得太极拳之真谛。

1. 打基础

在学拳最初阶段，重要的不在于要学会什么动作姿势，而是要解决怎样学拳的问题，知道了怎样学、怎样练，才会逐步深入直至融会贯通。

打基础务必要确立在培养、激发内功的一系列方法上。由简到繁地学习、掌握太极拳的内功理法，是把握太极拳基本技术核心的关键。从内功理法入手，由浅入深地琢磨、体验动作的内含主旨，随着日久功深，便可自然转入下一阶段——内外相合。

2. 内外相合

内外相合是指自身与大自然相互融合、彼此贯通。内外并非指身体之内部与肌肤之表层在构造上的分野。

练拳者本身的功力只有在与外界（大自然）的交流、融合与贯通中才能不断地吐故纳新、充盈壮大。三道气圈是洽和内外之最畅达的通道。

三道气圈由身中发出，弥散在肩、腰、胯的外围，其中以腰气圈为主，上支配肩气圈，下支配胯气圈，由此形成一个内气充盈的整体，这样在盘拳时，只要身体一旋动，身外的三道气圈即在腰气圈的带领下同时旋转，由此做到内旋外也转或外转内也旋。此谓之"内外相合"。

3. 上下相随

三道气圈平行散出之后，肩气圈主引领两臂的运行；胯气圈主引领两腿的起落与移动；腰气圈是肩、胯气圈的主导与媒介。要使平行的三道气圈协调一致地运行，没有一条贯通上下的身中垂直线从中发挥轴心的作用，周身上下就会松散混乱。

继散出三道气圈之后，在三道气圈的中心垂直降下一条身中垂直线（意识线），身形向前、向后、向左、向右移动，全凭这条身中垂直线的引领与操纵，由此求达在内外相合的基础上做到上下相随。

4. 拆架子

拆开拳架子的目的是为了在每个动作姿势的运行与转换到下一个姿势的过程中都融入内功之术。拆架子的练习就是要使每一个分解动作都按照并依赖相应的内功劲法引领、促使来完成。由此而纠正并逐渐杜绝只运动形体的空架子现象。只有意识到太极拳必须要使术与招相融合才能达到知行合一，逐渐达到"招中有术，术由招出"，到此境界，便可体会与感悟太极拳架阴阳相合的奥妙，为下一步进入揉手的应用打下实实在在的基础。

5. 拆手

盘练太极拳架时，梢节的松散、通空尤为重要。松与散能使手部内气在自身气势的外缘与大自然的外气自然交融，在心中、在眼中、在感觉中逐渐淡化手的存在，直至最终忘却双手，达到周身一家、"手非手"的境界。

"松散"之后必须要伴之以"通空"，内气的通出实质上是"吐故"；一通即空是内功劲法蓄发相间、自然转化的窍要所在。

领悟了手上松散通空的妙用，继而循序渐进，由脚而腿乃至全身都达到松散通空之后，才能收到增元气、利养生的实效。

6. 分劲

分劲是把蕴含在拳架姿势中的内劲条理分明、目的明确地区分开来，以便于在揉手技法中进行操作和应用。

分劲的关键在于强调神意气的主导作用，抑制人们普遍存在的注重形体动作的常规性错误，使内劲在神意气的操纵和主使下，摆脱形体的禁锢与羁绊，淋漓尽致地发挥出技击威力和养生作用。

学会了分劲,对于太极拳阴阳相生相济的旨要便会心知肚明。

7. 入化境

掌握了拳架中每招、每势、每手的内劲走法,练到烂熟于心之时,在无欲无求的盘拳中会极其自然而巧妙地呈现出太极拳"静极生动动犹静"的运动规律,循此规律继续深入,便会在行拳中逐渐达到一身舒适、无我无为、无形无相、万法自通、圆融无碍的境界。

六、三层功夫进程

初级阶段(从无到有)

第一进程:掌握形体基本要求。

第二进程:粗知招中有术、术从招出。

第三进程:初识内功理法。

中级阶段(从有到繁)

第一进程:体验神意气。

第二进程:会运用心劲。

第三进程:奥妙自然出现。

高级阶段(从繁到空)

第一进程:万法自明。

第二进程:阴阳孕育。

第三进程:无形无相、无我无为。

第二节 拳架详解

一、拳架名称

第一路

第一式 起势

第二式 左右野马分鬃

第三式 白鹤亮翅

第四式　左右搂膝拗步

第五式　手挥琵琶

第二路

第六式　左右倒撵猴

第七式　左右揽雀尾

第三路

第八式　云手

第九式　单鞭

第十式　高探马

第四路

第十一式　右分脚

第十二式　双峰贯耳

第十三式　左蹬脚

第五路

第十四式　左右玉女穿梭

第十五式　下势

第十六式　金鸡独立

第十七式　海底针

第六路

第十八式　扇通背

第十九式　转身撇身锤

第二十式　卸步搬拦锤

第二十一式　如封似闭

第二十二式　十字手、合太极

二、歌诀、行拳心法与要点

·第一路·

第一式 起势

歌诀：肘不张，肩不松，胸不开，气不通，腰意塞，裆穹窿，腕微鼓，掌指融。

注：

1. 歌诀意在提示该式拳架的行拳要点，阐明"招中术、术中招"的契合之处。须注意，歌诀之文意并非针对形体的动作而言，而是依意气的走向和变化所述之。

2. 心法是指盘拳过程中用心意引领动作运行的步骤和方法。心法本无固定的模式和规矩。但为了引导初学者不练空架子，以下总结作者本人在行拳十年后出现的较为稳定的行拳状态和真实感受向同好们披露。

有兴趣者可以参照以下心法行拳，但因各人素质和对拳架的理解不同，行拳中的感受亦不会完全相同。但不要偏离"意在先""重意不重形"的原则。阐述行拳心法，实有许多笔墨难以形容之处，勉力而为之，意在抛砖引玉。

行拳心法（以下简称心法）：

1. 心静、神凝、收视返听使精神提起。意气有开胸、张肘、塞腰、鼓腕之变化，使周身内气上下贯通，通体舒泰地自然站立。（图二1）

注：图照下方所附的脚印图中之黑点标示该式拳架身中垂直线的落点，脚印则显示两脚间的纵向和横向距离。实线脚印表示脚着地状态；虚线脚印表示脚离地状态。

图二1

图二 3

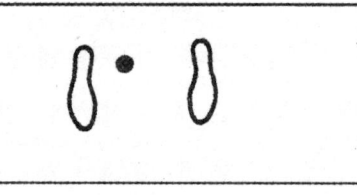

图二 2

2. 在腰的右前方约1米远处，意想有一圆点于迷蒙中渐渐地显现，随即圆点向上下垂直分行，眼神关注圆点的上行线，带动左腿于不经意间自然向左开步。（图二 2）

要点：

①全神贯注于意想之圆点的上行，就不再理会腿如何向左开步的过程，因此不会出现提脚、落脚之形动的滞重感，此即该式"意领形随"的关键处，亦是整套拳架用心意引导动作之起始点。

②前文中介绍过的各种内功劲法的走向，在拳架详解中不再赘述。请分别参阅前文。

3. 做到开胸、张肘、塞腰、鼓腕。肘不张则肩不松，胸不开则气不通。胸开而气沉丹田，继而塞腰、鼓腕。腰不塞，裆不会圆，腕不鼓则手上的内气不会融散。细节参见图—11至15之图文。内气沿身中垂直线下行至丹田，依两腿内侧之轮廓下行至两脚底之涌泉穴，再依两腿外侧之轮廓上行，绕经两臀向命门汇集，之后下行至尾闾，沿尾椎内翻向上，再沿身中垂直线上行，行至胯间散出胯圈，行至腰间散出腰圈，两手心擎着两个小气球随内气上行之引领而徐徐上升至胸前。（图二 3）

图二 4

图二 5

图二 6

4. 两手逐渐内旋将小气球按入胸中，身体松柔、含蓄，心中有容纳小气球之意味（图二4）。随即两手贴胸内旋而后腾虚将小气球接回手中，手心朝下如沾着两个小气球，内气由劲源通至两手中指根，心中有将气球向前催出之意，两臂随之徐徐向前伸展。（图二5、6）

图二7　　　　　　　　　　　图二8

5. 心中一静，内气蕴集促使两手外旋并将小气球拢回手中，随后两手随屈肘徐徐合向胸前，心生吞纳之意，两手将小气球再次按入胸中，两手贴胸内旋而后腾虚将小气球由胸中引出拢于手心，再缓缓向前下方踏按。（图二7~11）

要点：详见"起始、运行、终止、变换"之释义。

起始、运行、终止、变换之释义：

盘练拳架时，首先要意识到整套拳架是由一个拳式的起始、运行、终止、变换到下一个拳式的起始、运行、终止……如此循环往复所构成的。要认清和把握这一行拳规律及神意气之间内在的联系才能正确地演练拳架。

起始：这里的起始不是身形、手势动作的开端处，而是指自身之神意气萌动之初。拳论讲："神为统帅"，首先要使精神提起。精神提起必须通过收视返听才能做到。

视而不见，听而不闻，而后方可心静。心静则意专，才有"心为令"之说。心是发号施令之处，诚所谓"运用在心"。

气为旗，即内气为驱使。内气非呼吸之气，先师指明内气的作用是催姿势。不要误认为内气是在身内一股一股呈波涛之状催促身形手势的运行。这种内气催动姿势是连绵不断地循拳势的走向而弥散的，它的流走既无体内体外之区分，亦无努气、憋气之感觉。

图二 9　　　　　　　　图二 10　　　　　　　　图二 11

在神意气的综合作用下，催动形体开始动作。

运行：身形手势应始终依赖神意之引领和内气的催动而运行，绝不要单一地做形体动作。由此才能意识到太极拳的所有动作都必须做到"意在先"，将"凡此皆是意，不是形"的至理名言从习拳之始就落到实处。长此以往，重意不重形、妙在五阴五阳的行拳意识才能逐步建立起来。

终止：身形手势的开合是有限度的，而意气的运行却不受任何外在条件所限制。当姿势开出或合回时，身形手势都要留有回旋的余地，才能恰到好处地体现直中有曲、曲中求直的妙趣。此处须加注意，形到终点时并不等于意也到了终点，意不受形的支配，只依心发之令而行止，所以要使意的运行停止时，必须"中心一静"，而后才能令流动之意停下来。

变换：进入变换，即到了身形手势的往返转折处。此刻虽然形与意的运行俱停，但内气仍在无内无外地氤氲积聚，促使精神再度提起，使神为帅、心为令、气为旗的运转重新开始，引领、催促下一个姿势进入起始状态。须注意，变换是神意气沿大小不等（依不同的拳势而定）的180°半圆形圆转流行。半圆形之一端是上一式的终止处，另一端则是下一式的始发处。变换之处是阴阳相互孕育、相互转换与神意气自现奥妙的生发地。

6. 意想置身在一口水齐腰深的大缸中，两手随踏按内劲的发出而将手心的小气球潜入水中，并以意控制小气球在下潜过程中不脱手，直至将小气球按到缸底(图二12)。

要点：详见"小气球"之释义。

小气球之释义：

一般人练太极拳时，只知手心要虚拢成瓦垅状，却不知在虚拢的手心里要容有一个小气球。小气球在圆形圈走的拳架中起着婉转回旋的重要作用，它的出现与运用是手部动作虚灵变换的内在根由。

图二12

先师授拳时讲，盘拳自始至终，手中都要有小气球，无论成掌、变拳还是勾手都须如此。

要意想双手心各含有一个小气球，这一点无论在盘拳中还是揉手时都至关重要。当做盘拳之用时，能由此而引导两手渐趋松软，手松软后才能使内气通出。当盘拳至掌心向上时，要意想双手似擎着两个小气球；当手心旋转朝下时，两手心如同含拢着两个小气球。但无论擎与含，都不要用手指抠小气球。当手心朝上擎托时，小气球似有离手腾起之意，此时两手要以沾粘之内劲将小气球稳在手心里；当手心朝下时，两手要有连随之内劲，使小气球倚偎在掌心里，由此体现"重意不重形"的行拳要求，锻炼双手的沾粘连随之内功，渐而求达犹如无手之感。

小气球可以向身外催出，也可向体内纳入。其向外时，总是从掌心催出，随即便接回掌心。由此可领会小气球与手之间内外相合的相互关系。当小气球从手心纳入身中后，双手便立感轻松灵活，而身体即有动转迟缓之感。由此可见，气球虽小，但确有物质内涵，它对人体的影响与关联是非常密切的。

为避免重复，以后不再赘述拳、掌、勾中的小气球，但请读者切勿淡忘它的存在及其作用。

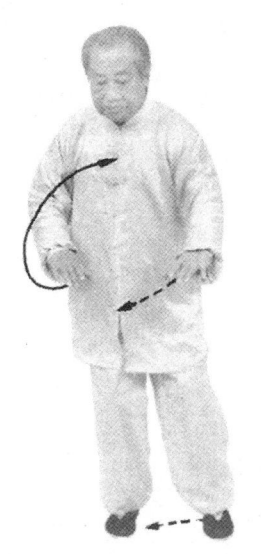  

图二 15

图二 13　　　　　图二 14

第二式　左右野马分鬃

歌诀：一顺、一亲、一捧提。

（一）左野马分鬃

心法：

1. 以两肘带动腰圈右旋而使身体悠然右转，意想胸前有一大气球沿逆时针滚转，两手在大气球的滚动带领下而右升左降，至胸腹中线前方时，两手将小气球拢在手心变成半握拳，两拳心上下相对；左脚亦在大气球的滚动中向右脚靠拢，前脚掌着地，两腿略屈蹲。（图二 13、14）

2. 由右手中指根处将小气球向左肩外侧催出，同时亦由左手中指根处将小气球向右胯外侧催出，此为一顺。（图二 15）

要点：催发小气球时，手形不要有硬拽的搠摆动作。要突出以拽出之意领着

图二 16　　　　　　　　　图二 17

小气球向两侧开出,两手只是随之张展而已,由此培养防中寓攻的拽炸内劲。

3. 心中一静,遂生全身与身前之大气亲和相融之意境而使周身掤圆,此为一亲;随即以肘带动腰圈左旋而使身体随之左转,同时左脚随转身向左前方迈出;随身中垂直线前移至二点处,右脚跟微外旋成左弓步;左前臂如捧托着牙笏向左上提;此为一掤提;左手环贴于肩圈中,右手扶按在胯圈上。(图二 16、17)

要点:掤提时,非用臂膀之提抖动作去硬撞,应意想通过上提牙笏来引导内劲向左后运行。此处之深层的寓意是以牙笏这一虚设物来替代臂膀之实体,以使练习者淡忘自身的肢体动作,转而注重内劲的运行。

图二 18　　　　　　　　　图二 19

4. 两膊相系般带动腰圈左旋而使身体微左转；右手变拳随身转提经胸口向前翻转递出，以拳背面的中指根指向前方，此为问星。（图二 18、19）

要点：详见问星之释义。

问星之释义：

问是探究、询问。星是准星，此处指权衡中正平直之焦点。问星的目的是以手势探问出准星的所在，再引导神意气向准星聚集。当神意气聚向准星之后，身形手势可以变换，而准星不可变动，故前人有"移位不变点"的讲法。

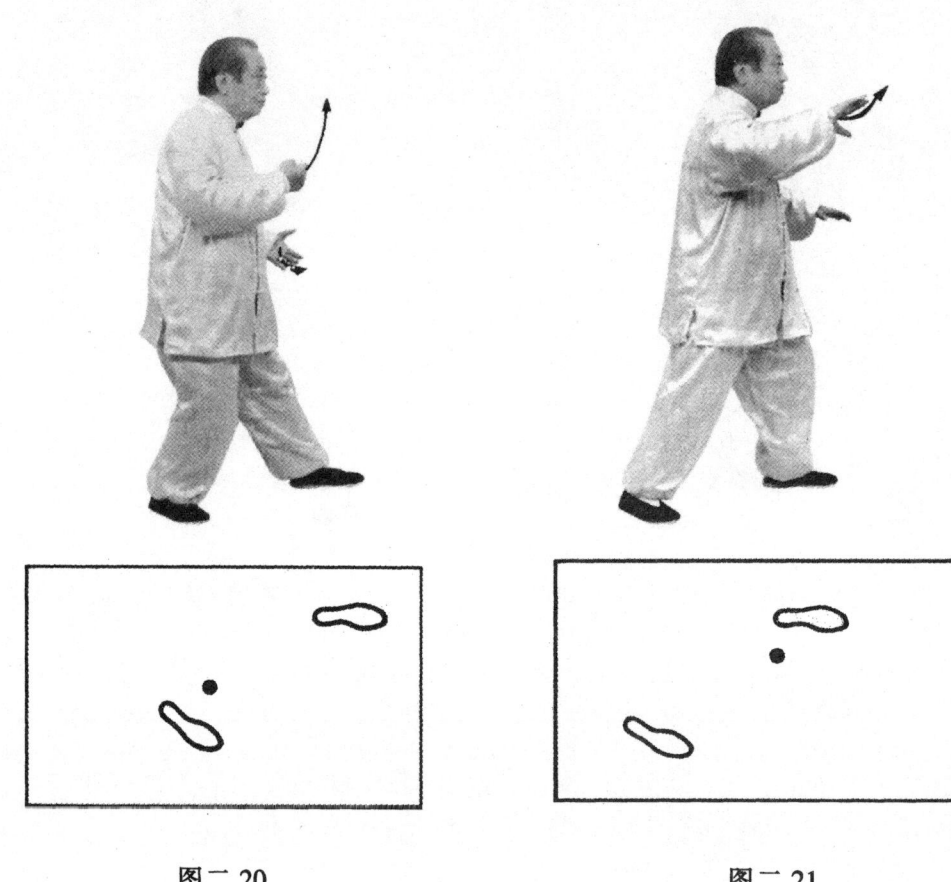

图二 20　　　　　　　　　　图二 21

5. 身体随钟锤后荡而后移,右手变半握拳收回胸前,身体再随钟锤前荡而前移,右拳边内旋边从中指根将手中的小气球向前催出而变掌,掤按挤内劲随之发向问星处,左手手心翻转朝下按至腰圈上。(图二 20～22)

注:

①牙笏是古代群臣面君时手中所拿的狭长的板子,多用玉或象牙制成。

②野马分鬃的身形有微下蹲的动作过程。练法细节详见"练拳臀似坐"之释义

练拳臀似坐之释义:

很多学练太极拳的人都认为练拳必定先要身受其苦,惟有常年苦练才能使功夫上身。于是便刻意地追求低姿大步,每日数十遍地苦练拳架。

人们长期如此练拳,只感受到种种的约束与不适,尤其因为下肢动作不得要

领,两腿难耐长时间的屈曲荷重,酸胀疼痛久久不消,无从体会太极拳安闲自在、舒适惬意的养生意境。

先师常说,盘拳时两腿非站非蹲,就如同坐在凳子上一样(指长条板凳)。这样练拳两腿才不受力、无荷重感,步法的转换也会轻松自如。

关于"坐着练拳"的由来,先师曾有过一段亲身经历:起初先师盘拳架子也很吃力,一天他到杨家练拳,当练到"白鹤亮翅"时,师爷健侯公命其停住,吩咐道"这个式子你站俩钟头",说完就扭头回屋了。先师保持白鹤亮翅的架式站着,时间一长,右腿和右臂酸胀难忍,有意识形成的固定姿势渐渐难以维持,然而又不敢有违师爷之命,只好松松垮垮地怎么站法舒服就怎么站着地敷衍了

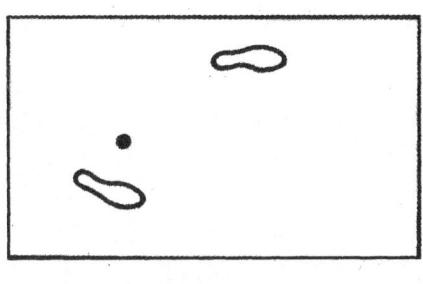

图二 22

事。约摸过了一个小时,关注着他种种细微变动的师爷才笑着走出屋说:"这和坐着没什么区别嘛!"由此先师方领悟"坐着练拳"的诀窍。

后来先师在教我们练拳时讲到:"练太极拳并不是先苦而后甜,苦是练法不当所致,不得法,纵然长期苦练也不会有盘拳舒适的感受。随时随地找舒服就是盘拳养生的窍门。"

平日盘拳切不要勉为其难地振奋精神,无须显示如同仪仗队操演那般近乎张扬的威武气概。而应在心境平和、坦然自若的前提下使精神自然提起。如此在神为统帅的作用下,意领形随、体态自然地盘练拳架。所谓"坐着练拳"并不是练拳时模仿坐姿,是意想两小腿微微外开(非形动),两胯自然松开,臀部沉落犹如坐在实处一般既踏实、又灵活,如此盘练拳架才会有周身放松的舒适之感。

图二 24（反）

图二 23　　　　图二 24（正）

（二）右野马分鬃

心法：

1. 身体随身中垂直线移向四点而后坐，同时以肘带动腰圈左旋而使身体左转；左脚随之外撇，领起三关；右脚自然向左脚靠拢，两腿微屈蹲；两手在胸前大气球沿顺时针滚转的带动下右降左升，转至胸腹中线前方时，两手将小气球拢在手心变成半握拳，两拳心上下相对。（图二 23、24）

2. 由左手中指根处将小气球向右肩外侧催出，同时亦由右手中指根处将小气球向左胯外侧催出，此为一顺。（图二 25）

3. 心中一静，遂生全身与身前之大气亲和相融之意境而使周身掤圆，此为一亲；随即以肘带动腰圈右旋而使身体右转；同时右脚随转身向右前方迈出，随

图二 25（正） 　　　　图二 25（反）

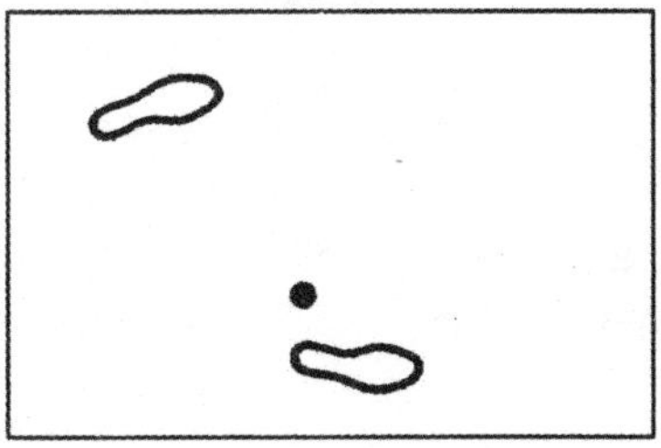

图二 26

图二 27 　　　　　　　图二 28

身中垂直线前移至二点处，左脚跟微外旋成右弓步；右前臂如捧托着牙笏向右上提，此为一捧提。右手环贴肩圈中，左手扶按胯圈上。（图二 26）

图二 29　　　　　　　　　　图二 30

4. 两膊相系带动腰圈继续右旋而使身体微右转；左手变拳随身转提经胸口向前翻转递出，以拳背面的中指根指向前方，此为问星。（图二 27、28）

5. 身体随钟锤后荡而后移，左手变半握拳收回胸前；身体再随钟锤前荡而前移；左拳边内旋边从中指根将手中的小气球向前催出而变掌，掤按挤内劲随之发向问星处，右手手心转朝下按于腰圈上。（图二 29、30）

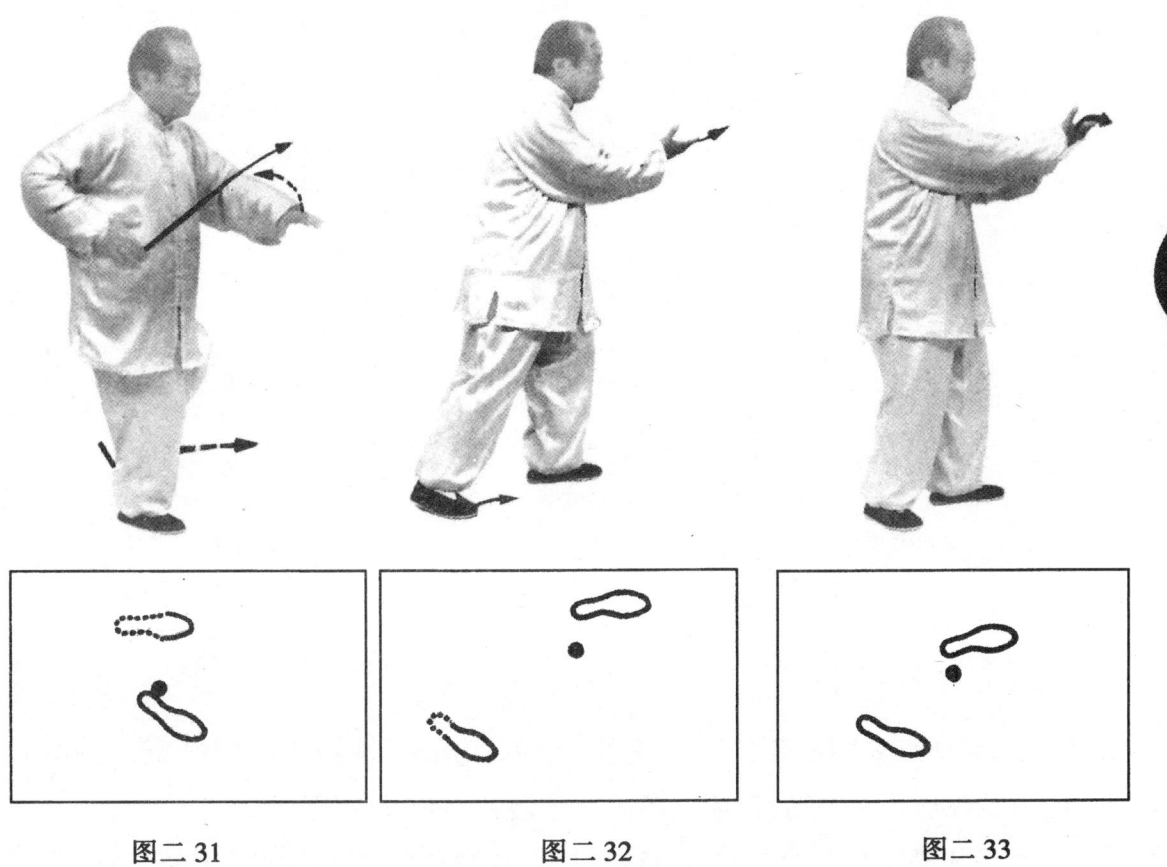

图二 31　　　　　　　　图二 32　　　　　　　　图二 33

第三式　白鹤亮翅

歌诀：四隅含藏亮翅中。

心法：

1. 心中一静，内气自然收敛而向背后流行，随身中垂直线前移至二点，左腿向前上步成左弓步；身体随之略前移，右脚亦略前移；右手收经腰右侧向胸前外旋伸展，手心朝上；左手手心朝下，食指、中指、无名指指肚贴在右腕内侧下方三寸处；由劲源沿两臂通出挤内劲，促使双手向前平挤。（图二 31～33）

图二 34　　　　　　　　图二 35　　　　　　　　图二 36

2. 由劲源通出挒内劲，促使右手向肩圈的右侧前挒出，同时身体微右转。（图二 34）

3. 由劲源通出采内劲，促使右手采向腰圈的右侧前。（图二 35）

4. 右手依腰圈微向左平旋，然后以捋内劲引领右手捋向胸前。（图二 36）

要点：以上挒、采、捋内劲要连续不断地运行，带领手形沿太极图内 S 形曲线绕转；左手食指、中指、无名指指肚始终贴扶右腕内侧相随旋绕。

5. 由劲源通出踏采内劲，促使左手向胯圈左前侧踏采；左脚随之略向前移，脚跟微抬；随后右手沿螺旋轨迹上升，右肘平行前移；同时右肩向肩圈的左前侧通出靠内劲。（图二 37～39）

要点：白鹤亮翅中各种内劲的运行皆要求"开要开向胸前，合要合到背后"。详见"开合相寓"之释义。

开合相寓之释义：

此处之开合相寓是指内劲而言，并非指身形姿势的开大与缩小。生活中常发生这种现象：当一股劲发出时，相反的另一股劲会不期而至。比如人面壁而立向前用力推墙时，身体会因反作用力而后仰；开枪射击时，推进力使得子弹前冲，而同时产生的后坐力会使枪托猛向后撞……凡此现象皆开中必有合，合中必有开，此有则彼有，此无则彼无，开合皆在彼此相关中存在，此即太极拳开合现象的根源。

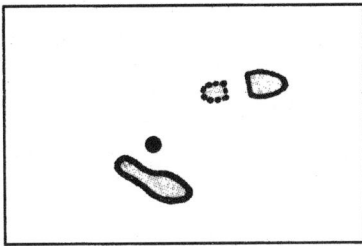

图二 37

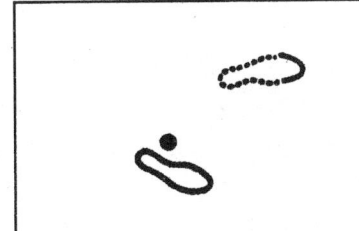

图二 38

在盘拳中若只有单一的开或合的内劲流走在拳势中（即开中无合或合中无开），即说明习拳者尚未解悟开合相寓之奥妙。

懂得了内劲开中寓合、合中寓开之相互依存而又相互转换的关系后，在盘拳中才能领会和体现内劲能开向胸前方能合回背后的流走规律。

以白鹤亮翅式的挒采为例，必须使挤内劲促使挤之手形向胸前开出，才能使挒与采内劲合回背后，随后运行的挒与采的手法才有着落处而不致流于空泛与茫昧。有心者可于此处细加揣摩推敲。

图二 39

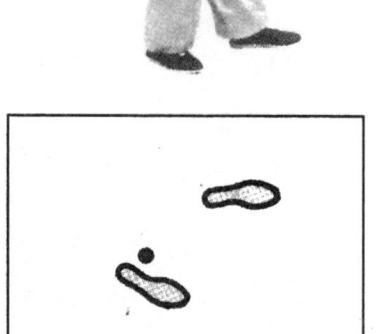

图二 40　　　　　　　　　图二 41　　　　　　　　　图二 42

第四式　左右搂膝拗步

歌诀：十字竖松横必散，阴阳吸斥促身形。

（一）左搂膝拗步

心法：

1. 以肘带动腰圈微右旋转；左脚落平，右掌于胸前十字竖线的正前方缓缓下落至腰圈，左手食指、中指、无名指的指肚贴扶右腕背侧下方三寸处，右手继续下落至胯圈时握拳外翻，以内气将右拳向身前催出，左手转贴右腕内侧。（图二 40～44）

图二 43

图二 44

图二 45

图二 46

2. 随屈肘进身，右拳合向胸前十字中心；以内气促使身形与手势相吸相合。（图二 45）

图二 47　　　　　　　　图二 48　　　　　　　　图二 49

3. 心中一静，内气圆散而出，将右拳催向肩圈；直肘撤身时，以内气促使身形与手势相斥相开。（图二 46）

4. 右拳微下沉，旋即向右、向上逆时针绕转，于肩圈上下画一直径约 15 厘米大小的圆圈，当画圆至 270°时，右拳变半握拳，拳心渐转朝右，拳渐渐舒展成掌，将手心中的小气球嵌向肩圈；同时左掌也变半握拳圆转下落，拳心渐转朝下，拳渐渐舒展成掌，将手心中的小气球嵌向身前的胯圈。（图二 47～49）

5. 右手顺时针外旋，随屈肘收向胸前十字中心；含掤之内劲环绕右臂外侧经背后、左肩、左臂外侧通至左手，催动左手逆时针外旋；继而内劲由中指根向前下方通出；同时，神凝于内劲之落点，内气自然升腾，促使左腿在不经意间屈膝提起。（图二 50～52）

图二 50

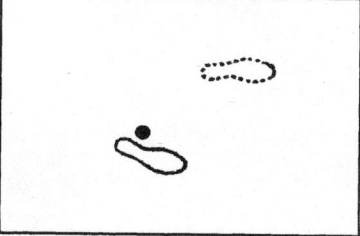

图二 51

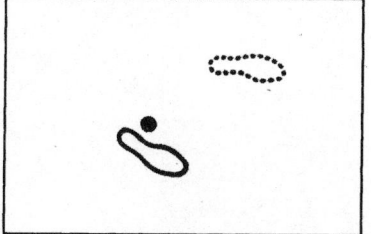

图二 52

第二章 行拳心法

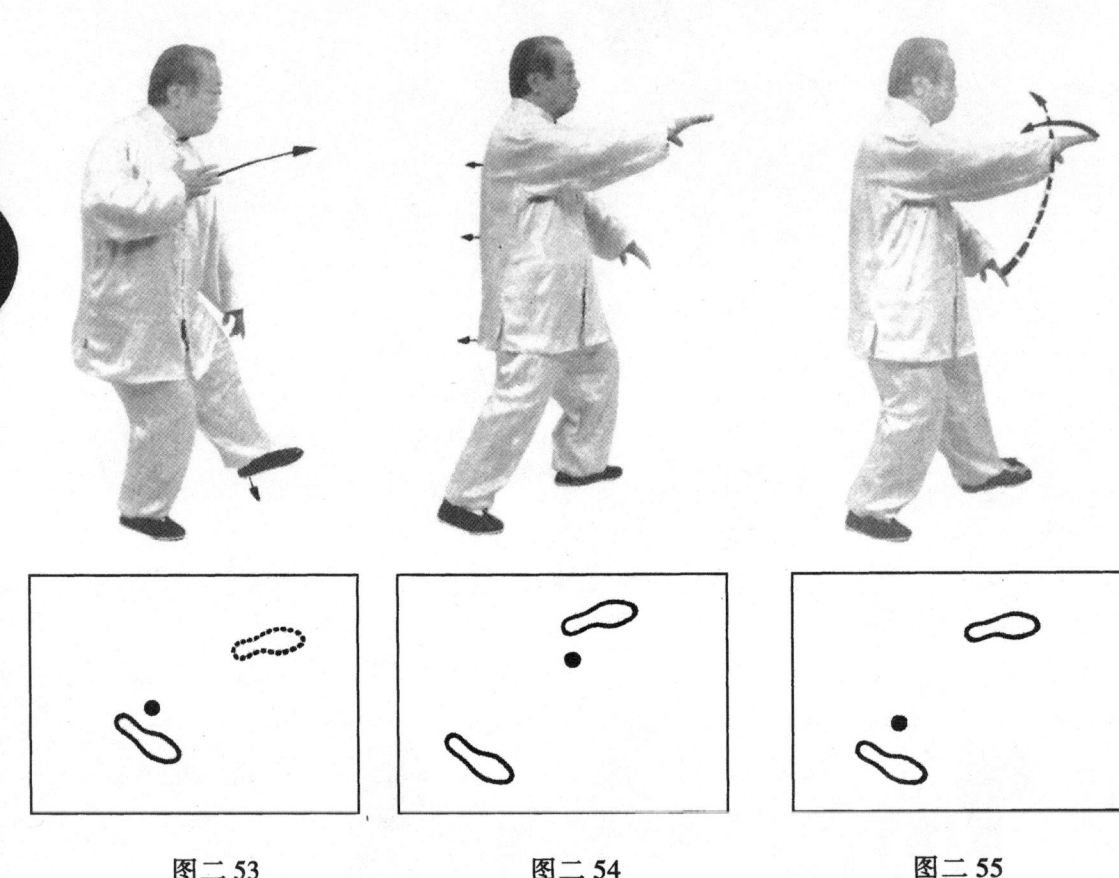

图二 53　　　　　　　图二 54　　　　　　　图二 55

6. 左手渐渐内旋，贴着左膝内侧、前侧向左环绕，手心转朝下按落于胯圈左前侧；随着内气圆散，左腿自然向前下落成左弓步；三关竖立，内气由劲源发出，经右手中指根向前通出掤按挤内劲，促使右臂向前伸展，右手扶向肩圈。（图二 53、54）

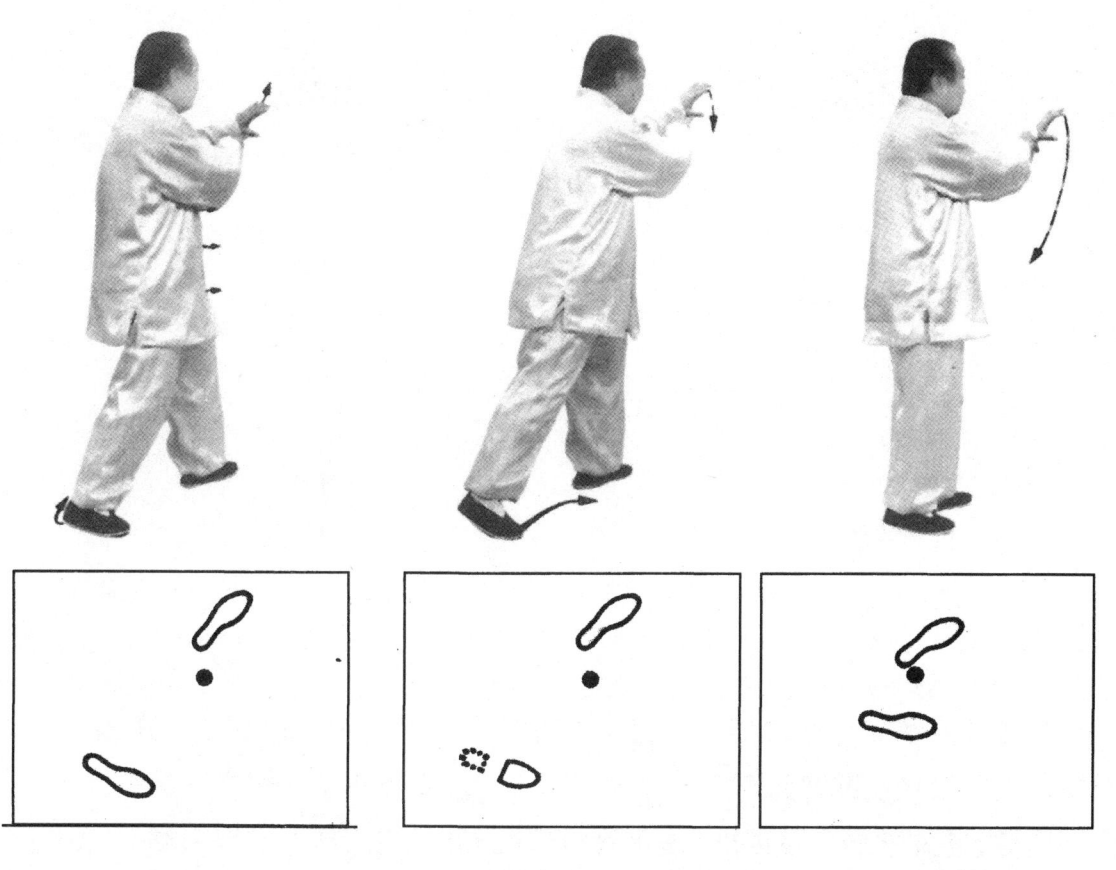

图二 56　　　　　　　图二 57　　　　　　　图二 58

(二)右搂膝拗步

心法：

1. 身体随身中垂直线移向四点而后坐，左脚尖微抬并外撇；同时，以肘带动腰圈向左旋转；左手上移至肩圈，右手弧形左移，食指、中指、无名指指肚贴扶左腕背侧；意想臀部如悬垂着一个十字，十字之竖向下延伸，十字之横必然向两端疏散——此为尾闾松垂胯自开；向下延伸的十字之竖犹如一条假腿，在领起三关之际自然地前荡贴向左腿，右腿轻松自如地提起，如猫行走一般轻灵地跟至左脚后侧。（图二 55~58）

图二 59　　　　　　　　　　　图二 60

2. 左掌于胸前十字之竖线的正前方缓缓下落至腰圈，右手食指、中指、无名指的指肚贴扶左腕背侧下方三寸处，当左手继续下落至胯圈之际握拳外翻，内气圆散，将左拳向肩圈催出，右手食指、中指和无名指转贴左腕内侧。（图二 59、60）

3. 随屈肘进身，右手随左拳合向胸前十字中心；内气促使身形与手势相吸相合。（图二 61、62）

4. 心中一静，内气圆散，将左拳催向肩圈；当直肘撤身之际，内气促使身形手势相斥相开。（图二 63）

5. 左拳微下沉，旋即向左、向上顺时针绕转，于肩圈上下画一直径约 15 厘米大小的圆圈，当画圆至 270°时，左拳变半握拳，拳心渐转朝左，拳渐渐舒展成掌，将手心中的小气球嵌向肩圈；同时右手也变半握拳圆转下落，拳心渐转朝下，拳渐渐舒展成掌，将手心中的小气球嵌向身前的胯圈。（图二 64～66）

图二 61

图二 62

图二 63

图二 64

图二 65

图二 66

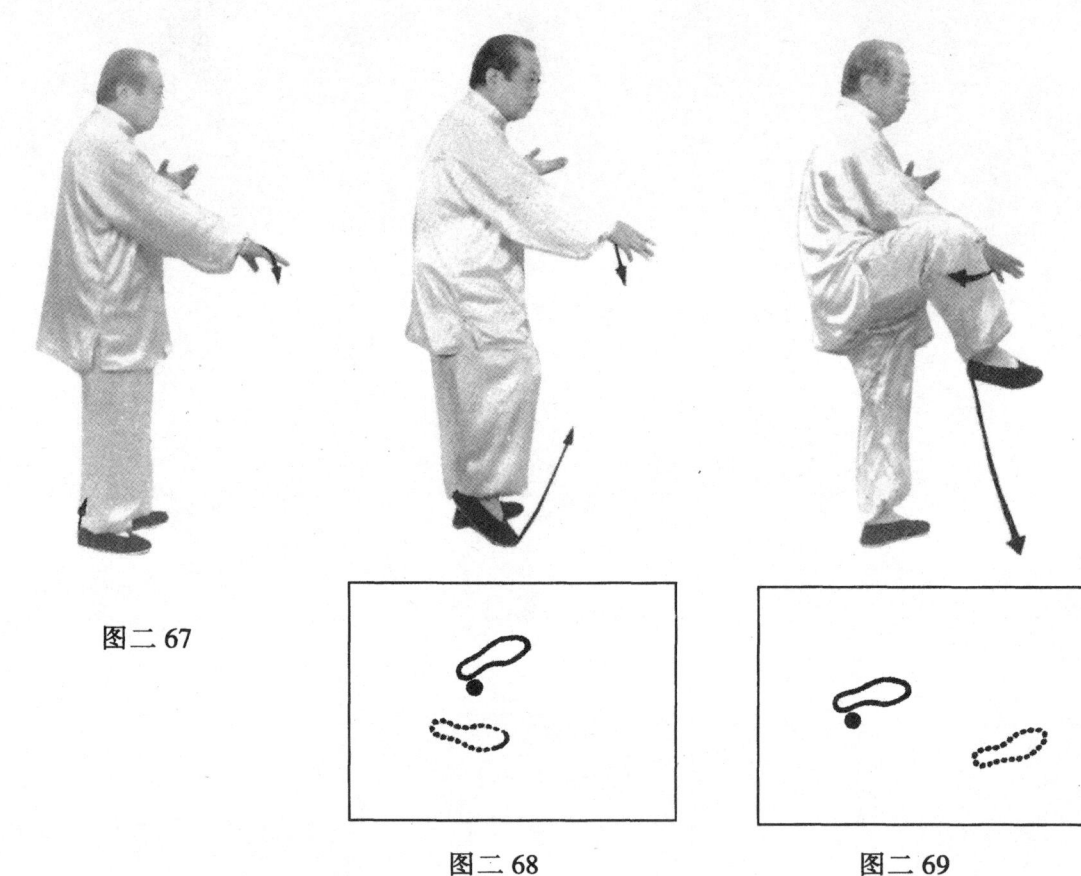

图二 67

图二 68　　　　　图二 69

6. 左手逆时针外旋,随屈肘收向胸前十字中心,含挒之内劲环绕左臂外侧经背后、右肩、右臂外侧通至右手,催动右手顺时针外旋,内劲由中指根向前下方通出;同时神凝于内劲的落点,内气自然升腾,促使右腿在不经意间屈膝提起。(图二 67～69)

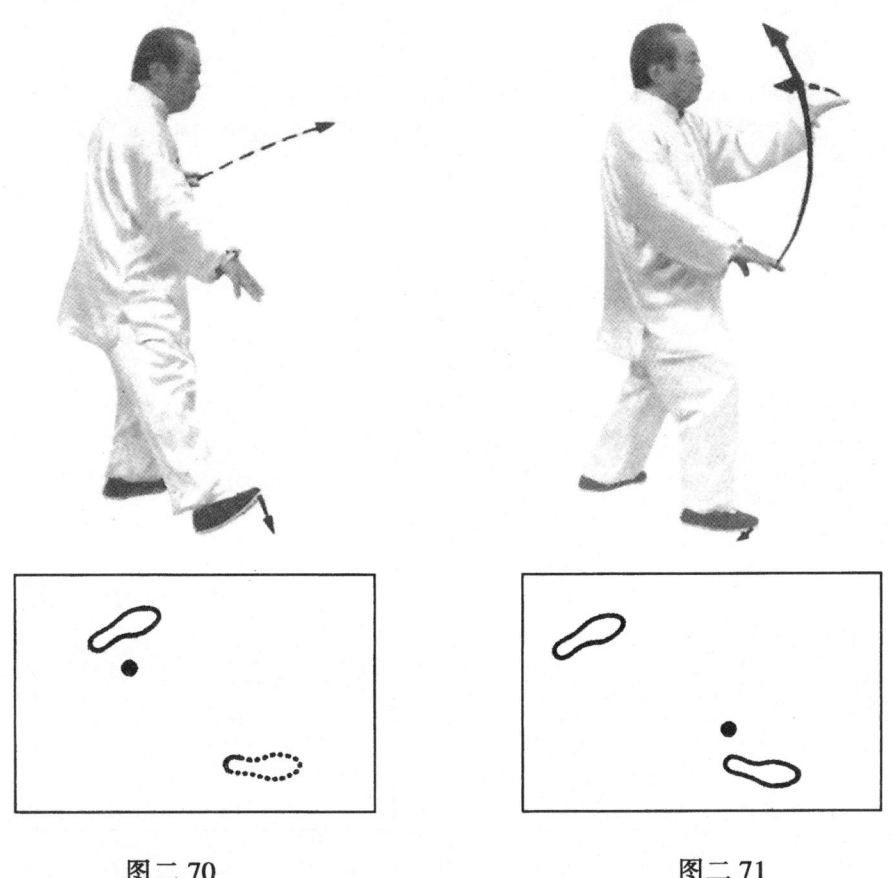

图二 70　　　　　　　　　图二 71

7. 右手渐渐内旋，贴着右膝内侧、前侧向右环绕，手心转朝下按落于胯圈右前侧；随着内气圆散，右腿自然向前下落成右弓步；三关竖立，内气由劲源发出，经左手中指根向前通出掤按挤内劲，促使左臂向前伸展，左手扶向肩圈。（图二 70、71）

图二 72

图二 73

（三）左搂膝拗步

心法：

1. 身体随身中垂直线移向四点而后坐；右脚尖微抬并外撇；同时，以肘带动腰圈向右旋转，右手经左向上绕至肩圈，左手弧形右移，左手食指、中指、无名指肚贴扶右腕背侧，随右手沿胸前十字之竖线的正前方缓缓落至腰圈；意想臀部犹如悬垂着一个十字，十字之竖向下延伸，十字之横必然向两端疏散——此为尾闾松垂胯自开。向下延伸的十字之竖犹如一条假腿在领起三关之际自然前荡贴向右腿，左腿随意而轻松自如地提起，如猫行走一般轻灵地跟至右脚后侧。（图二 72、73）

图二 74　　　　　　图二 75　　　　　　图二 76

2. 右手握拳外翻，随着内气圆散将右拳向身前催出，左手食指、中指、无名指转贴右腕内侧。（图二 74、75）

3. 随屈肘进身，左手随右拳合向胸前十字中心，内气促使身形与手势相吸相合。（图二 76）

4. 心中一静，内气圆散而出，将右拳催向肩圈；当直肘撤身之际，内气促使身形与手势相斥相开。（图二 77）

图二 77

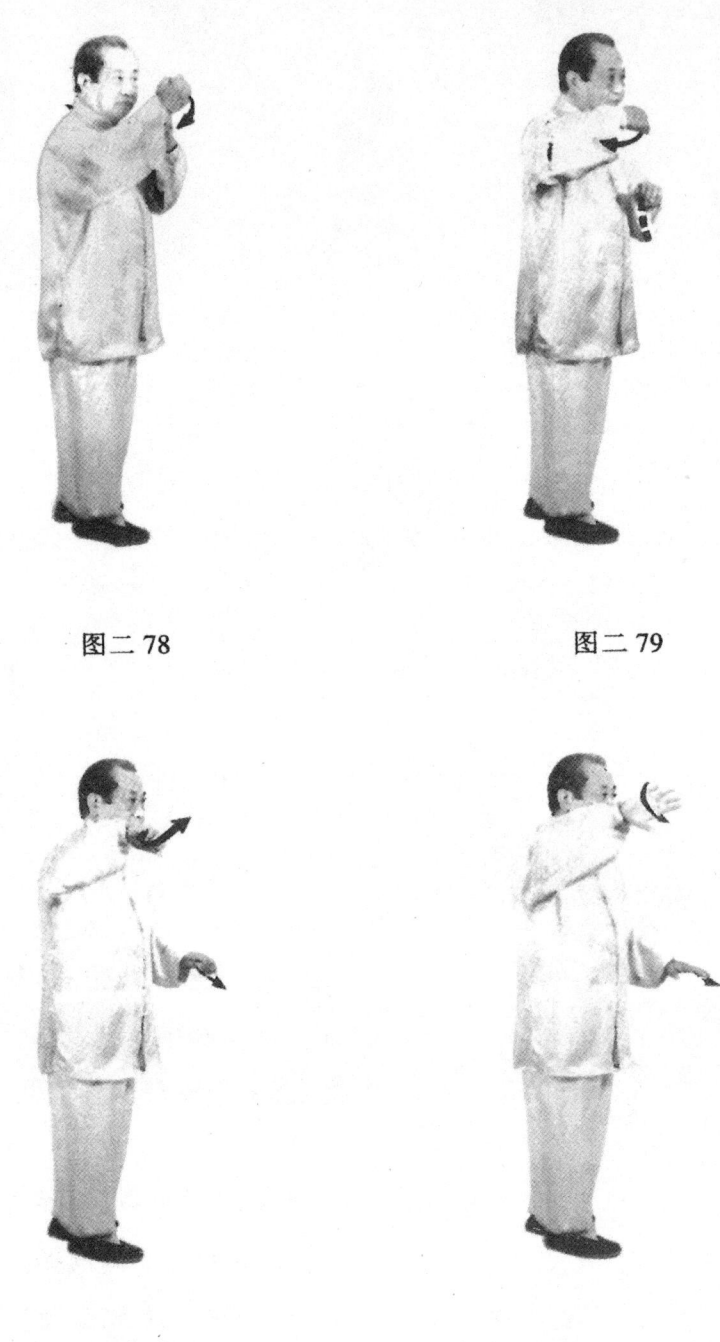

图二 78　　　　　　图二 79

图二 80　　　　　　图二 81

5. 右拳微下沉，旋即向右、向上逆时针绕转，于肩圈上下画一直径约 15 厘米大小的圆圈，当画圆至 270°时，右拳变半握拳，拳心渐转朝右，拳渐渐舒展成掌，将手心中的小气球嵌向肩圈；同时左手也变半握拳圆转下落，拳心渐转朝下，拳渐渐舒展成掌，将手心中的小气球嵌向身前的胯圈。（图二 78～81）

图二 82

图二 83

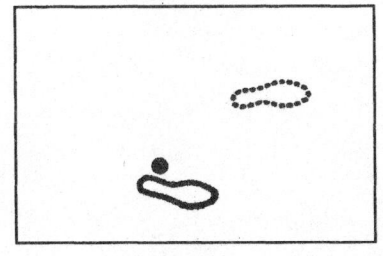

图二 84

6. 右手逆时针外旋，随屈肘收向胸前十字中心，含将之内劲环绕右臂外侧经背后、左肩、左臂外侧通至左手，催动左手逆时针外旋，内劲由中指根向前下方通出；同时神凝于内劲的落点，内气自然升腾，促使左腿不经意地屈膝提起。(图二 82～84)

图二 85　　　　　　　　　图二 86

7. 左手渐渐内旋，贴着左膝内侧、前侧向左环绕，手心转朝下按落于胯圈左前侧；随着内气圆散，左腿自然向前下落成左弓步；三关竖立，内气由劲源发出，经右手中指根向前通出掤按挤内劲，促使右臂向前伸展，右手扶向肩圈。（图二85、86）

图二 87

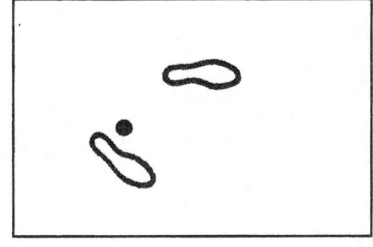

图二 88

第五式　手挥琵琶

歌诀：静中求动，周身一家，竖立三关，腹松气圆。

心法：

1. 随着领起三关，右腿前移半步；同时右臂向前伸展。（图二 87）

2. 身体随身中垂直线移向四点而后坐，左脚跟顺势微抬起；两臂外旋，两手交搭于胸前，随着内气下沉而落向腰圈两侧。（图二 88、89）

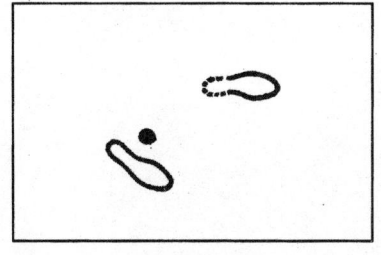

图二 89

图二 90　　　　　　　图二 91　　　　　　图二 92

3. 胸前十字中心点一静，内气由背后经两侧向身前迂回，引领两手向前上圆转升腾，两手以小气球贴扶在肩圈边缘；随着竖立三关，左脚略向前移步，脚跟着地，立身中正，毫不偏倚。小腹松静而内气自圆，精神勃然提起，恰似捕鼠之猫；由劲源通出按挤内劲促使双手前催肩圈。（图二 90、91）

图二 93　　　　　　图二 94　　　　　　图二 95

· 第二路

第六式　左右倒撵猴

歌诀：后撤三关身自退。

（一）左倒撵猴

心法：

1. 随内气下沉，左足落平，两手沉向胯圈，随即变半握拳；内气圆转升腾，由劲源通经两臂达两手中指根，左拳逐渐舒展成掌，将手心的小气球嵌向胯圈；右拳随内气升腾沿逆时针向右上方旋绕，拳心转朝右，继而右拳逐渐舒展成掌并将手心中的小气球嵌向肩圈。（图二 92～95）

图二 96　　　　　　　　　　　　图二 97

2. 心中一静，遂生合意，内气由开转合，由胸前透向背后流行，催促着背部隐隐后倚，两手渐渐沉落，经腰圈收向腹前，右手心中如同含着一个小气球，轻轻拢贴在左手背上，继而内气在两手之间荡漾，使得两手皆有舒松绵软之感，手心由朝下渐转朝后。（图二 96、97）

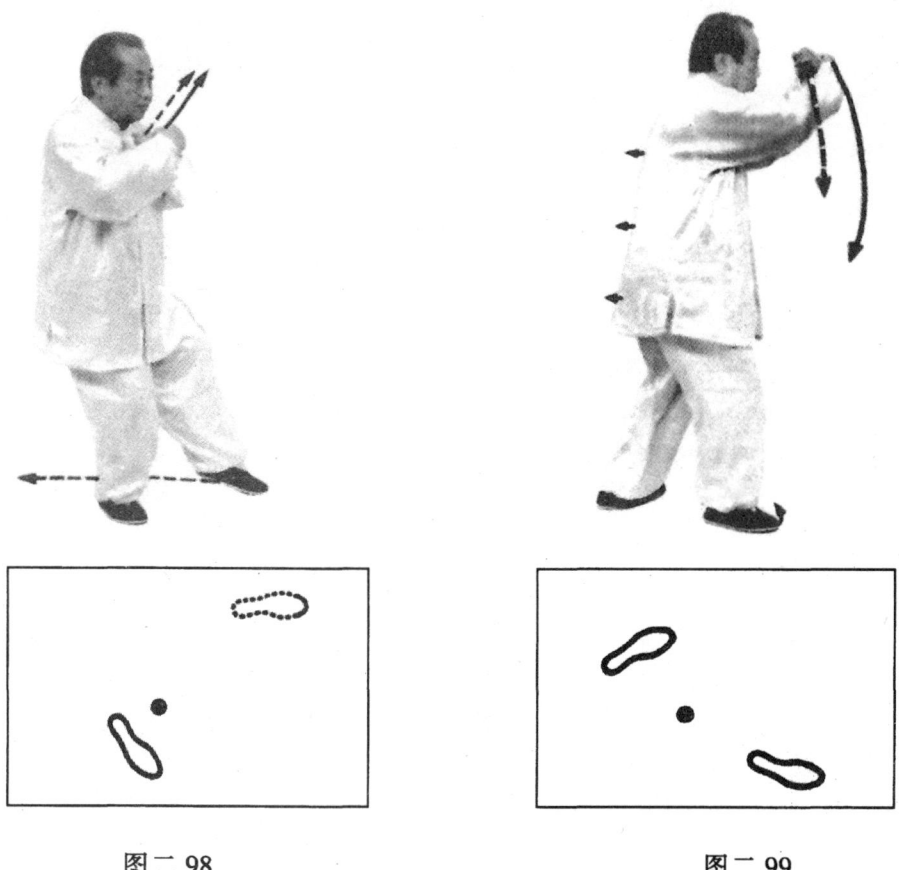

图二 98　　　　　　　　图二 99

3. 两手握拳，随两前臂外旋提至胸前，两腕交搭，左拳仍在内。内气由劲源透向胸前，将两拳掤向肩圈。眼神凝视前方，三关后撤（意想有一条贯穿三关的细线从尾闾向后牵出），带动身形与左腿自然后撤，成右虚步。（图二 98、99）

要点：在以三关后撤之意引领身形后撤的渐变过程中〔参见第一章第一节（十二）三关的运用〕细细揣摩和体验"运劲如抽丝"的意境。

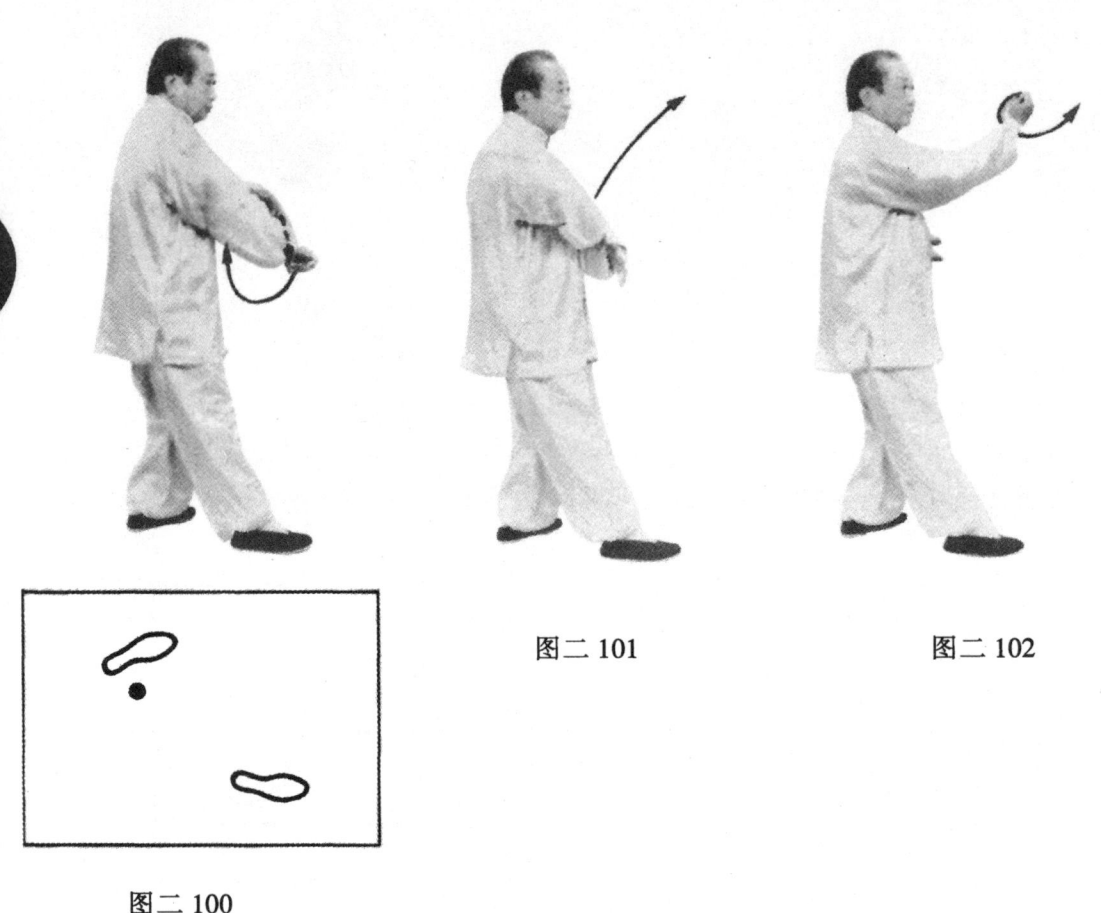

图二 101　　　　　　　　图二 102

图二 100

4. 右脚尖内扣，左手环护右肘，右拳自前向下弧形松沉掩裆，复向前翻举掤出，以拳背中指根指向前方，此为问星。随胸中一含，右拳略松沉变半握拳，随前臂内旋渐渐舒展成掌，从中指根通出掤按挤内劲的同时将手心中的小气球嵌向前方，三关随之竖立，左手沉向腰圈左侧，手心朝上。（图二 100～103）

（二）右倒撵猴

心法：

1. 两手变半握拳，随着内气下沉而沿顺时针旋转落向胯圈两侧；内气由劲源通经两臂达于两手中指根，右拳逐渐舒展成掌向前旋伸，将手心中的小气球嵌向身前的胯圈，左拳随内气升腾向左上方旋绕，拳心朝左，亦逐渐舒展成掌，同时将手心中的小气球嵌向肩圈。（图二 104、105）

2. 内气贴背下沉，背部隐隐后倚，两手落经腰圈收向腹前，左手心贴右手背，两手缓缓屈指握拳，手心由朝下渐转朝后。（图二 106～107）

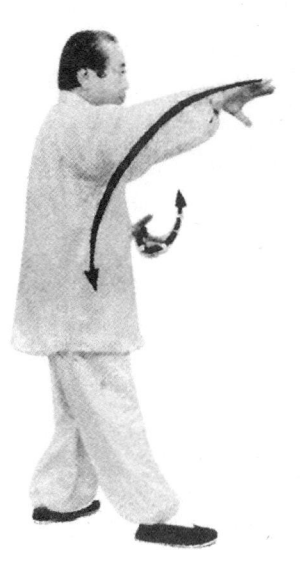
图二 103

图二 104

图二 105

图二 106

图二 107

图二 108

图二 109

3. 两手握拳随两臂外旋提至胸前，两腕交搭，右拳仍在内；内气由劲源透向胸前，将两拳掤向肩圈。眼神凝视前方，三关后撤（意想有一条贯穿三关的细线从尾闾向后牵出），带动身形与右腿自然地后撤成左虚步。（图二 108～110）

4. 左脚尖微内扣，右手环护左肘，左拳自前向下弧形松沉掩裆，复向前翻举掤出，以拳背中指根指向前方，此为问星。随胸中一含，左拳略松沉变半握拳，随前臂内旋渐渐舒展成掌，从中指根通出掤按挤内劲将手心中的小气球嵌向前方，三关随之竖立，右手沉向腰圈右侧，手心朝上。（图二 111～113）

要点：应在三关后撤之意引领身形后撤的渐变过程中（参见第一章第一节（十二）三关的运用）细细揣摩和体验"运劲如抽丝"之意境。

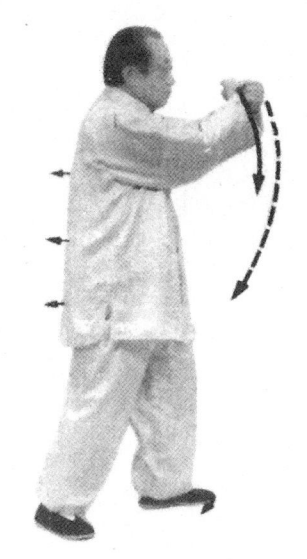

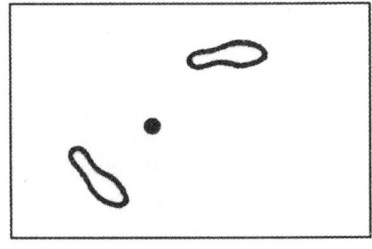

图二 110

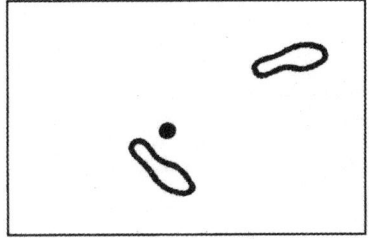

图二 111

图二 112

图二 113

第二章 行拳心法

下面再重复一遍左、右倒撵猴的动作，参见图二93～113。

二93

二94

二95

二96

二97

二98

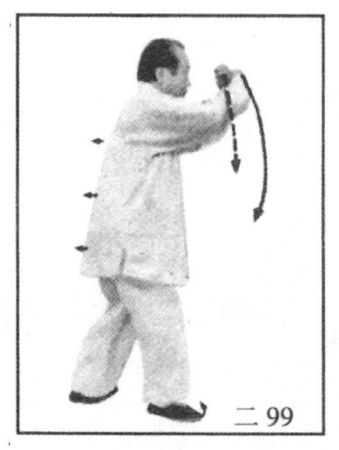
二99

二100

二101

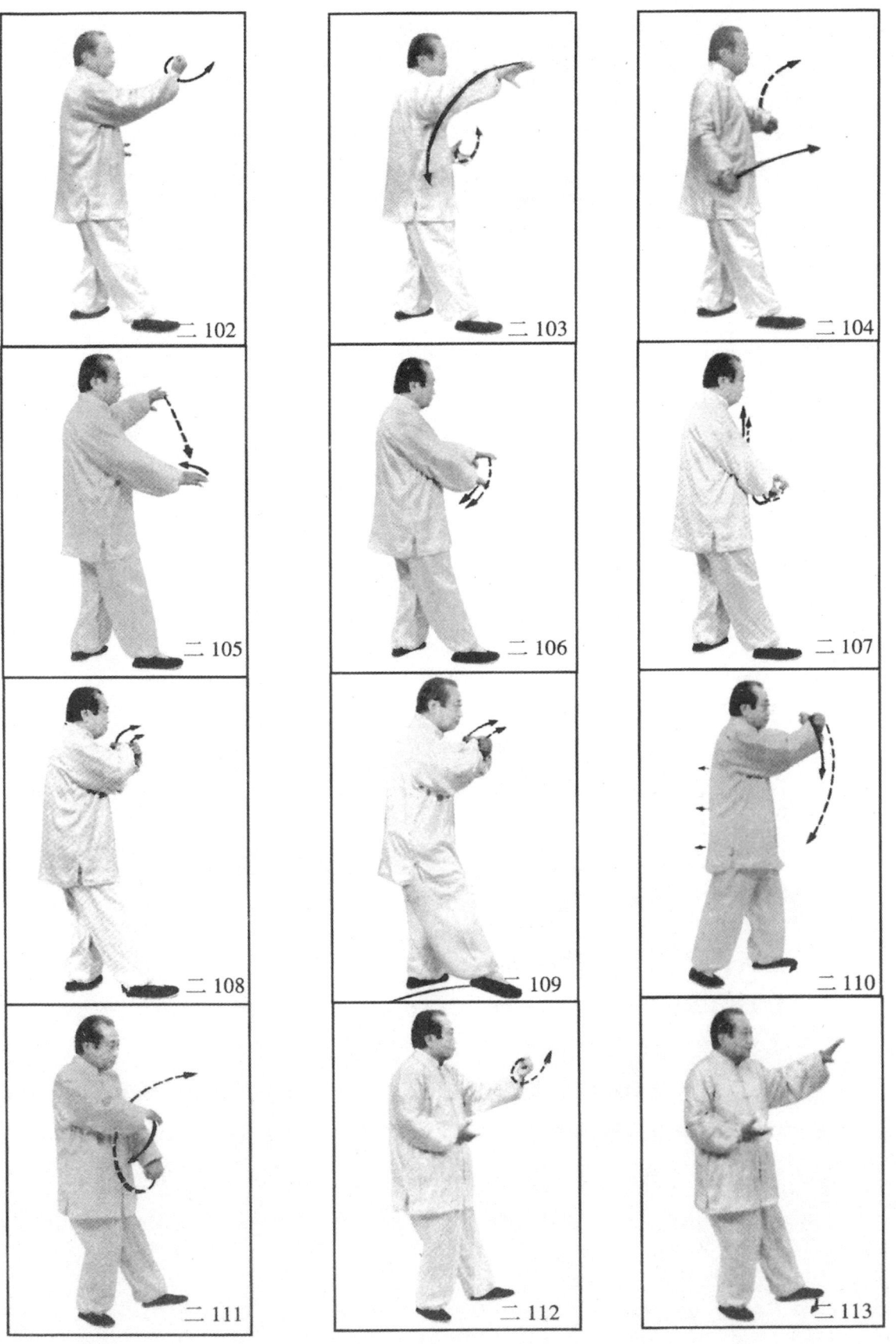

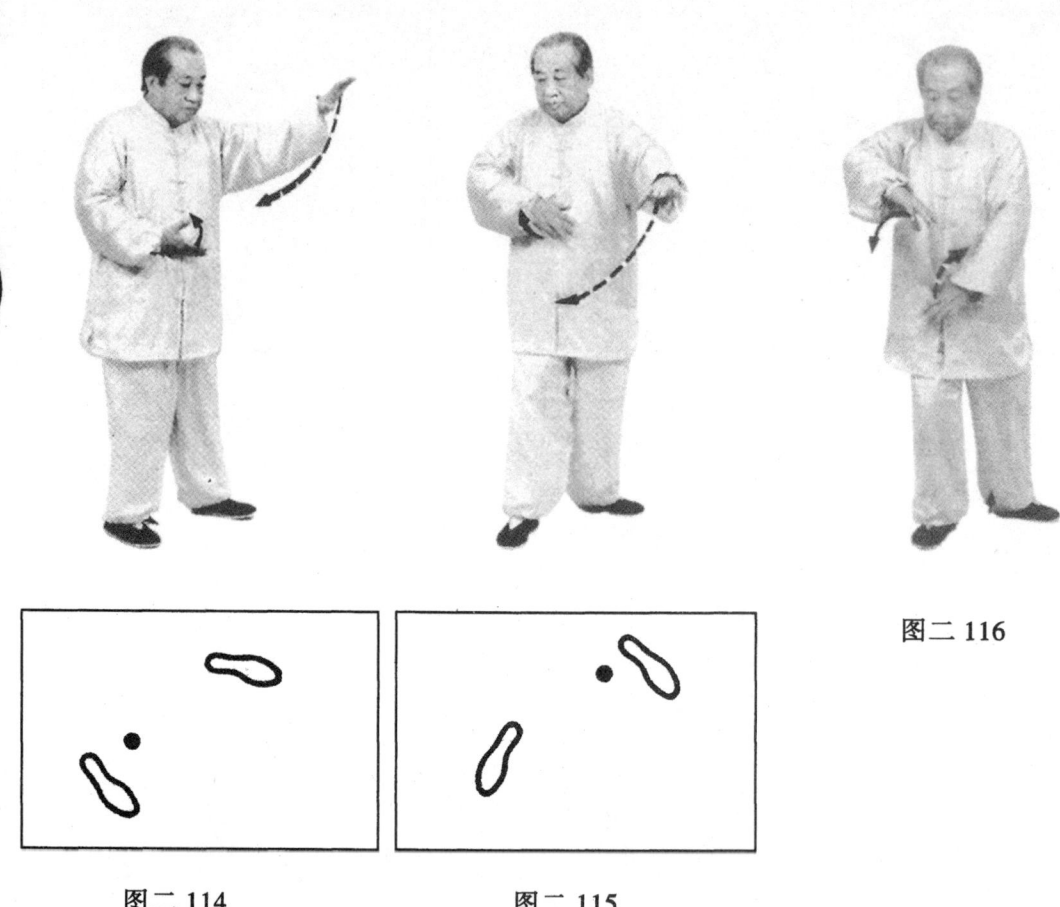

图二 116

图二 114　　　　图二 115

第七式　左右揽雀尾

歌诀：两膊相系，沿球环行，四正劲法，意气行功。

（一）左揽雀尾

心法：

1. 以两肘带动腰圈右旋而使身体随之右转，左脚尖内扣，右脚跟内旋，左手随身转由肩圈圆转落向腹前，随钟锤向胯圈右前侧悠荡，带动右手内旋贴腹向上旋绕，复向胯圈右侧圆转踏采，手心朝下。（图二 114～116）

图二 117　　　　　　　　　　图二 118

2. 钟锤经胯圈后侧向左前侧旋荡，左脚随之自然提起向左前方上步成左弓步；同时左手经胸前十字中心掤向肩圈。（图二 117、118）

要点：意想两臂如揽抱一只孔雀于怀中，以一张一弛之意控制着两臂圈揽的力度和空间，以欲擒故纵、稍纵即擒之劲法变化，使怀中的孔雀无法逃脱，以此锻炼、引导沾连粘随内劲的出现，并使之产生刚柔相济、张弛相间的微妙变化，为日后步入揉手阶段打基础。

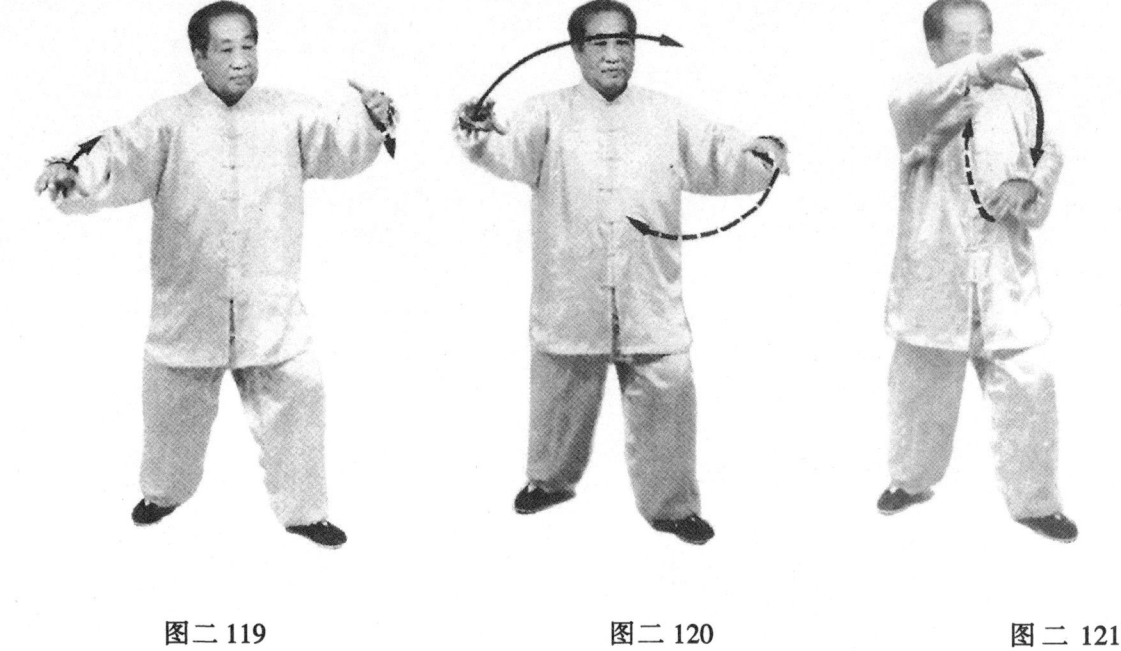

图二 119　　　　　　　图二 120　　　　　　　图二 121

3. 意想有一硕大气球悬于胸前，两臂、两手环贴气球外缘揉摩——左手随前臂内旋向左下方绕转，右手经右向前上方绕转；随后左手随左前臂内旋圆转上提至胸前，右手随前臂外旋圆转下落，两臂左上右下环抱气球于胸腹之间。当内功进入较高层次后可将胸前十字之意移入气球中。（图二 119～123）

4. 两手环抱气球，以意将圆球中的十字吞回胸前，随后内气沿十字之竖落向二点，再由地面像泉水上涌般促使两手升腾掤起，此为掤内劲催双手完成掤的姿势。（图二 124、125）

图二 122

图二 123

图二 124

图二 125

图二 126

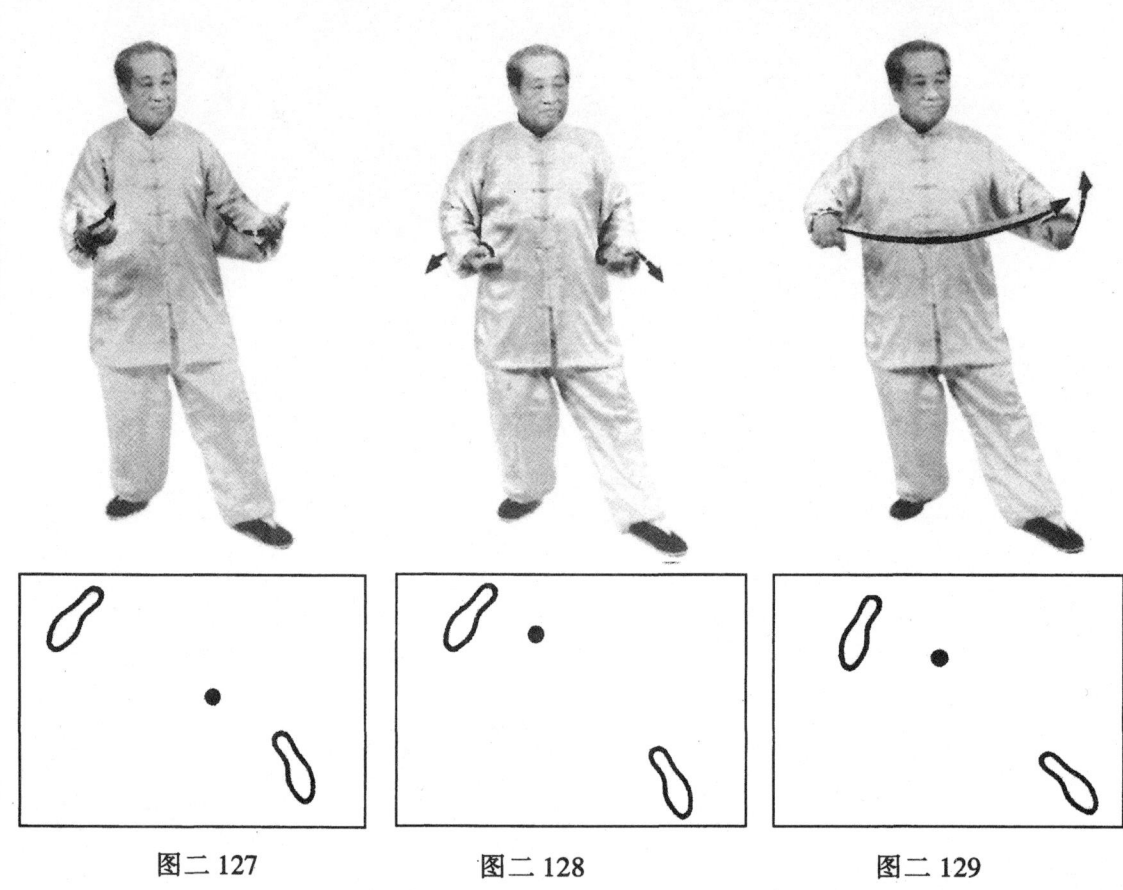

图二 127　　　　　　　图二 128　　　　　　　图二 129

5. 随内气圆散，两手分向左右外旋下落，随身中垂直线移至接近三点处，带动两手将向腰圈，此为"一将"（图二 126、127）。心中一静（之后才能进入再将），两手变半握拳，随身中垂直线后移至三四点之间而将向腰圈两侧，此为"二将"（图二 128）。心中再一静，两拳内旋向肩圈前缘掤出；同时将之内劲仍继续催动身中垂直线后移至四点，此为"三将"。（图二 129）

要点："三将"侧重锻炼在掤架子中蕴含将内劲之功。

图二 130　　　　　图二 131

图二 132

6. 两拳舒展成掌，右手食指、中指、无名指指肚贴扶左腕外侧，随内气沿身中垂直线直落于四点，两手沿逆时针圆转下落至腹前，左手外旋，手心渐转朝上，随即身中垂直线前移至二点，意领内气由左脚脚底向前上方圆转升腾至胸前，右手食指、中指、无名指贴于左腕内侧，以意引领挤内劲向胸前的意气落点集束，此为挤式。（图二 130～132）

要点：图 132 的左肘要调向胸前才能使挤内劲由大立圈通过左前臂平直地向前催发。

图二 134

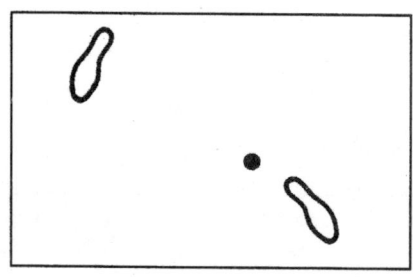

图二 133

7. 随着内气圆散略下沉，右手穿至左手心，随即外旋呈扇形展开，两手再随钟锤后荡、身体后坐而收向胸前。（图二 133~135）

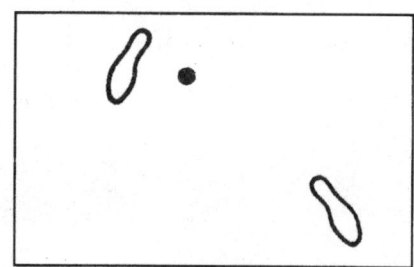

图二 135

图二 136　　　　　　　　图二 137

8. 钟锤返向前荡而使身体前移。两前臂内旋，内劲由劲源敷布于两手上，并在按向肩圈之际向前通出按内劲。（图二 136、137）

（二）右揽雀尾

心法：

1. 以两肘带动腰圈右旋，身体随之右转；左脚尖内扣；左手随身转由肩圈圆

图二 139

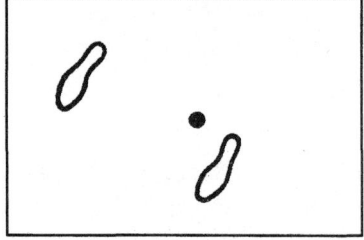

图二 138

转落向腹前，随后右手由肩圈圆转落向胸前；身体继续右转，右脚跟内旋，右手顺时针外旋绕向腹右侧，手心朝里，指尖朝左下方，左手贴腹向上旋绕，复向胯圈左侧圆转踏采，手心朝下。（图二 138~140）

图二 140

图二 142

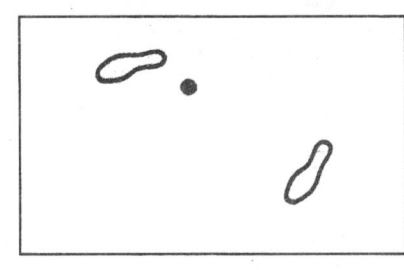

图二 141

1. 以两肘带动腰圈右旋,身体随之右转;左脚尖内扣;左手随身转由肩圈圆

2. 钟锤经胯圈后侧向右前侧旋荡,右脚随之自然提起向右前方上步成右弓步;同时右手经胸前十字中心掤向肩圈。(图二 141)

3. 意想有一硕大气球悬于胸前,两臂、两手环贴气球外缘揉摩——右手随前臂内旋向右下方绕转,左手经左向前上方绕转,之后右手随右前臂内旋圆转上提至胸前,左手随前臂外旋圆转下落,两臂右上左下环抱气球于胸腹之间,当内功进入较高层次后,可将胸前十字之意移入气球中。(图二 142～145)

4. 两手环抱气球,以意将圆球中的十字吞向胸前,随后内气沿十字之竖垂直落向二点,再由地面像泉水上涌般促使两手升腾掤起,此为掤内劲催双手完成掤的姿势。(图二 146、147)

图二 143　　　　　图二 144　　　　　图二 145

图二 146　　　　　图二 147　　　　　图二 148

图二 149 　　　　　　　　图二 150 　　　　　　　　图二 151

图二 152

5. 随内气圆散，两手分向左右外旋下落，随身中垂直线后移至接近三点处，带动两手捋向腰圈，此为"一捋"（图二148、149）。心中一静（之后才能进入再捋），两手变半握拳，随身中垂直线后移至三四点之间而捋向腰圈两侧；此为"二捋"（图二 150）。心中再一静，两拳内旋向肩圈前缘掤出；同时捋之内劲仍继续催动身中垂直线后移至四点，此为"三捋"。（图二 151、152）

图二 153

图二 154

图二 155

6. 两拳舒展成掌，左手食指、中指、无名指的指肚贴扶右腕外侧，随内气沿身中垂直线落至四点，两手沿顺时针圆转下落至腹前，右手外旋，手心渐转朝上；随即身中垂直线前移至二点，意领内气由右脚脚底向前上方圆转升腾至胸前；左手食指、中指、无名指贴于右腕内侧，以意引领挤内劲向胸前的意气落点集束，此为挤式。（图二 153～156）

7. 随着内气圆散略下沉，左

图二 156

图二 157

图二 158

手穿至右手心，随即外旋呈扇形展开，两手再随钟锤后荡、身体后坐而收向胸前。（图二 157、158）

8. 钟锤返向前荡而

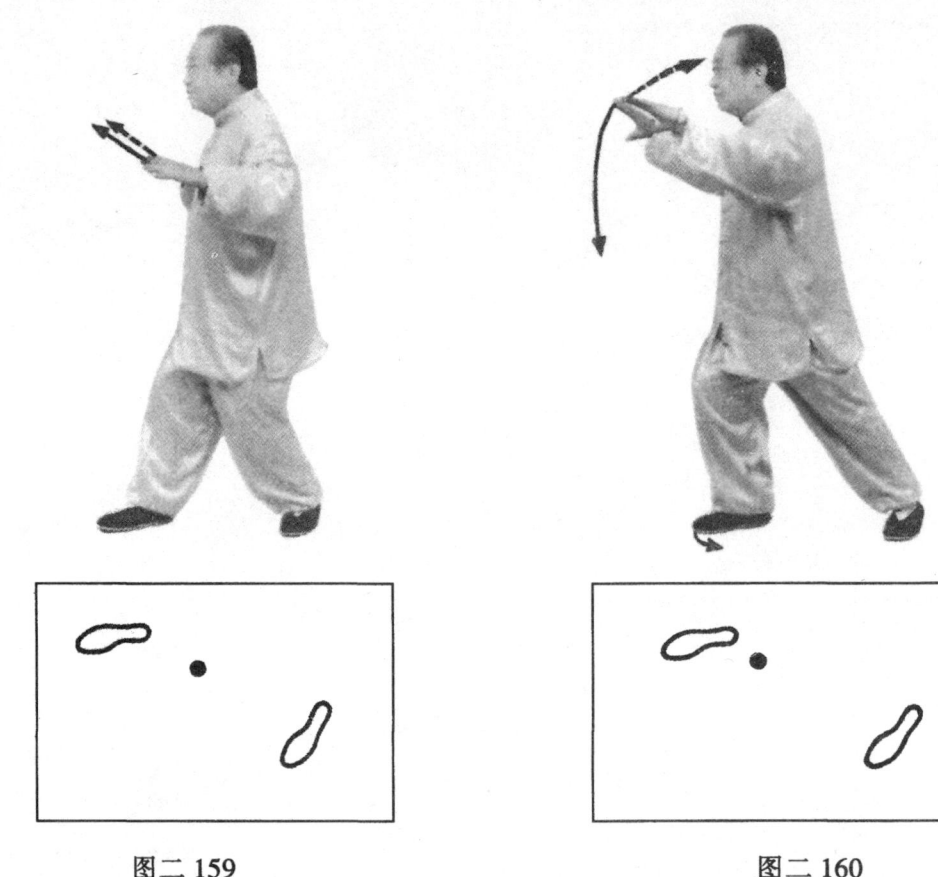

图二 159　　　　　　　　　图二 160

使身体前移，两前臂内旋，内劲由劲源敷布于两手上，在按向肩圈之际向前通出按内劲。（图二 159、160）

要点：皆同左揽雀尾，请参照左式揣摩练习。

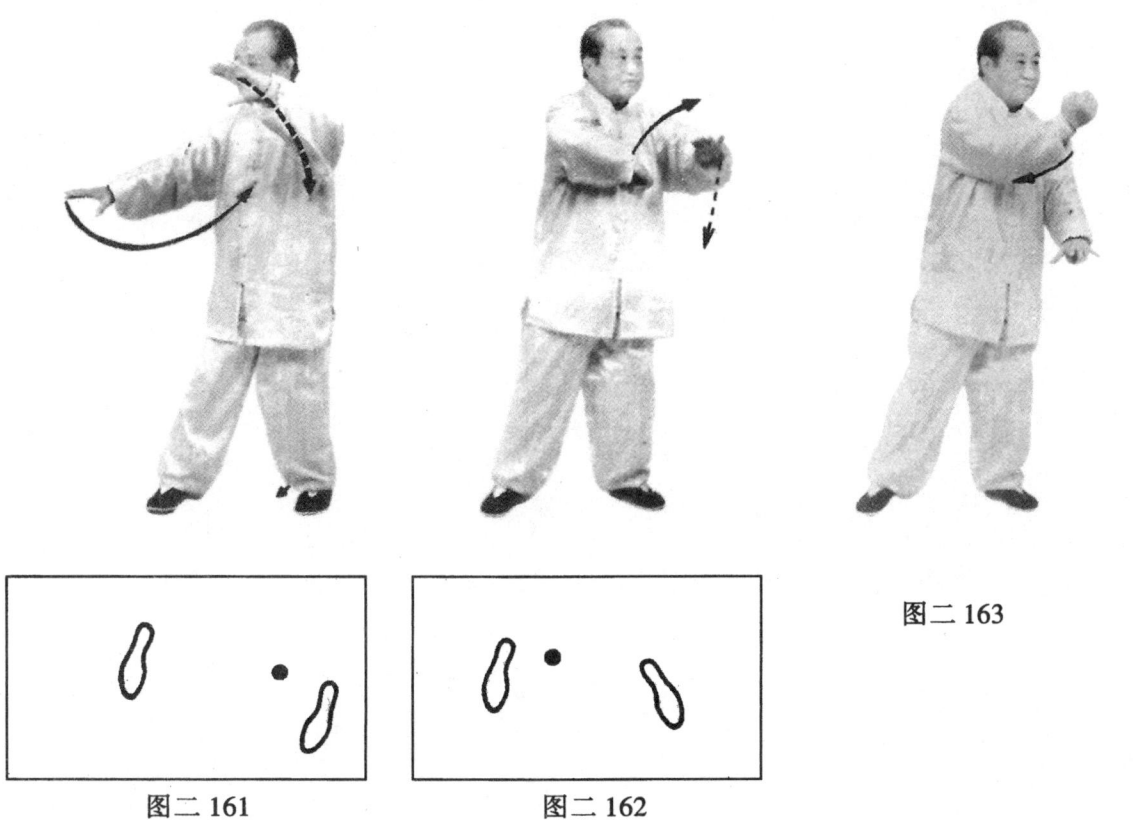

图二 161　　　　　图二 162　　　　　图二 163

· 第三路 ·

第八式　云手

歌诀：旋腰带肘似车轮，一开一合一定间。

（一）一合一开云手

心法：

1. 以腰圈左旋带动两肘使身体微左转，右脚尖随之内扣；两手受两个半圆形的腰圈所支配，圆转着分向左右（图二 161）。

要点：逢开步，接下来右脚尖、左脚跟必朝里合。以腰带肘，步随身换。

2. 以腰圈左旋带动两肘并使身体继续左转，左脚跟内旋；左手沿半圆形轨迹自上而下地向左侧胯圈滑落并下按，右手沿半圆形轨迹自下而上收经胸前变拳，随钟锤前荡、身体前移而外翻以拳背中指根领先向肩圈前缘抛出，此为问星。（图二 162、163）

要点：此处的两个半圆形是腰圈一分为二所形成的意想运动轨迹，两肘、两手沿此轨迹运行会自然产生腾虚状态，从而不觉肘与手的形体动作变换过程。

图二 164 　　　　　　图二 165

图二 166

图二 167

3. 意气一定，右拳随钟锤返向后荡而自然合回胸前；钟锤复向前荡，右拳再次沿半圆形轨迹向前上方圆转开出并舒展成掌，此为一合一开；眼神凝视右手所指的方向，左手不经意地外旋，食指侧朝上，同时右脚于不觉中提起向左移步，两脚相距约15厘米。（图二164～166）

4. 身体随钟锤向右旋荡而自然右转；两手在胸腹之间上下相对，右手食指尖朝上，左手拇指尖朝上，随转身向右运行，手心皆朝里。此为右云手。（图二167）

图二 168　　　　　　　图二 169　　　　　　　图二 170

（二）两合两开云手

心法：

1. 以腰圈右旋带动两肘和身体右转，右脚尖随之外撇；右手随前臂内旋沿半圆形轨迹自上而下向右胯旁滑落并下按，左手沿半圆形轨迹自下而上收经胸前变拳，身体随钟锤前荡而前移，左脚跟外旋，左拳外翻以拳背中指根领先向前抛出。此为问星。（图二 168～170）

要点：逢合步，接下来右脚尖、左脚跟必朝外开。以腰带肘，步随身换。

图二 172

图二 171

2. 意气一定，左拳随钟锤返向后荡而自然合回胸前；钟锤复向前荡，左拳再次沿半圆形轨迹向前上方圆转开出并舒展成掌。此为两合两开云手的第一次开合；眼神凝视左手所指的方向。（图二 171～173）

图二 173

图二 174

图二 175

图二 176

图二 177

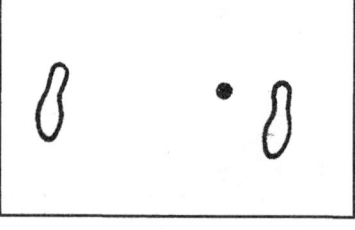

图二 178

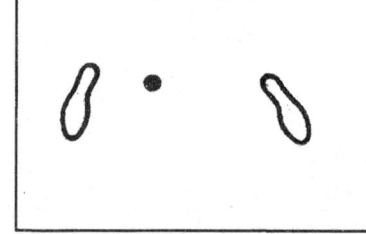

图二 179

3. 以腰圈右旋带动两肘和身体右转；同时两手随之外旋向右、向下圆转云绕而后向胸腹前含合；随之左脚向左开步，脚前掌、脚跟依次落实，两手经右向前掤展开出，此为两合两开云手的第二次开合。（图二 174～177）

4. 右脚尖内扣，左脚跟内旋，以腰圈带动两肘左旋，身体随之左转，两手手心朝里，在胸腹之间上下相对向左云转，此为左云手。（图二 178、179）

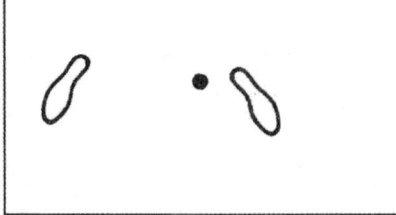

图二 180

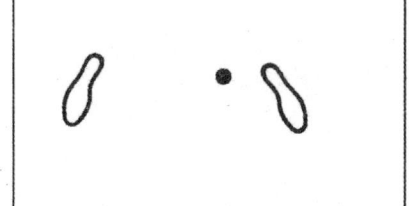

图二 181

图二 182

图二 183

图二 184　　　　　　　　　　图二 185

（三）三合三开云手

心法：

1. 左手随前臂内旋沿半圆形轨迹自上而下向左胯旁按落，右手沿半圆形轨迹自下而上收经胸前变拳，然后身体随钟锤前荡而前移，右拳外旋以拳背中指根领先向前抛出，此为问星。（图二 180、181）

2. 意气一定，右拳随着钟锤返向后荡而自然合回胸前（图二 182），钟锤复向前荡，右拳再次沿半圆形轨迹向前上方圆转开出并舒展成拳，此为三合三开云手的第一次开合；眼神凝视右手所指的方向。（图二 183）

3. 身体随着腰圈左旋而左转，同时带动两手微外旋，向左、向下圆转云绕而后向胸腹前含合；随之右脚自然提起向左移步，脚前掌、脚跟依次落实，两手经左向前掤展开出，此为三合三开云手的第二次开合。（图二 184～189）

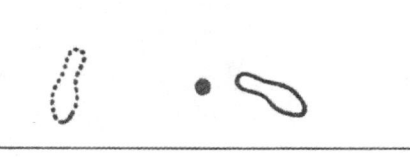

图二 186

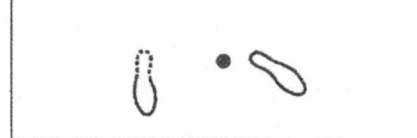

图二 187

图二 188

图二 189

第二章 行拳心法

图二 190

图二 191

4. 左脚跟外旋，身体随之右转；两手上下相对略向右云绕，拇指尖朝上。（图二 190、191）

5. 两手内旋略合拢成"龙口"状，意想将胸前之圆球吞向背后，此为"龙口吞珠"，是三合三开云手的最后一合。（图二 192）

图二 192

图二 193

图二 194

图二 195

图二 196

6. 意气圆球由背后经双手拢成的"龙口"向前吐发，两手受意气圆球的通带影响而张展，此为"龙口吐珠"。是三合三开云手的最后一开。（图二 193）

7. 意气一定；右手沿顺时针外旋，同时左手微内旋，两手手心皆转朝内，内气圆散促使两手向外掤展。（图二 194）

图二 197　　　　　　图二 198　　　　　　图二 199

第九式　单鞭

歌诀：滚错折磨，围绕劲点；以肘带腰，腕随肘旋。

心法：

1. 内气圆转升腾，促使两手沿逆时针上掤至头前，而后两手沿顺时针圆转下落至胸前。（图二 195～199）

要点：两手要沿着意想中悬在头前上方的一勾弯月而圆转升降，内劲先沿月牙儿的外缘升至头前，再转沿其内缘落至胸前。前人形容此处的内劲运行为"月牙儿劲"。

2. 随胸部意气微含，左手托右手内旋向胸前十字合拢；右手五指聚拢成勾，腕内旋，勾尖转朝下；左手食指、中指、无名指指肚贴扶右腕顶端。（图二 200）

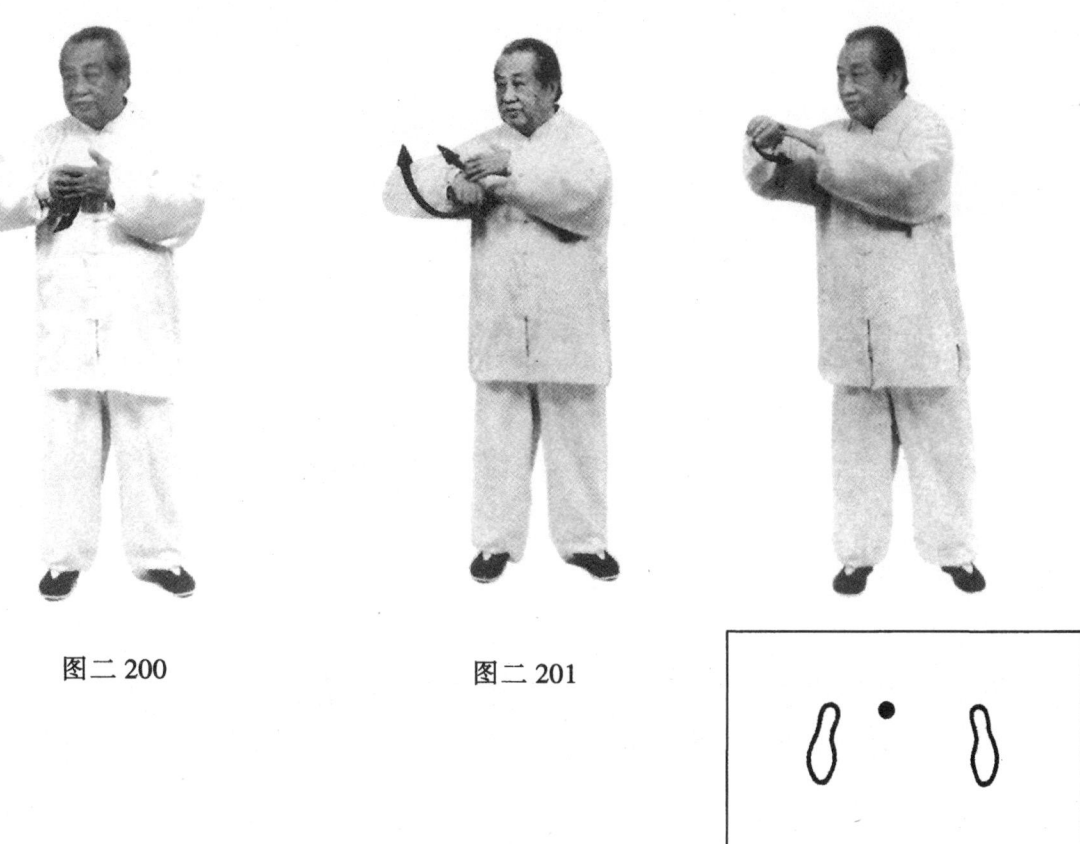

图二 200　　　　　图二 201

图二 202　滚内劲

3. 右前臂于胸前十字之横的右端向右前上方旋滚而出，此为滚内劲。（图二 201、202）

要点：滚劲要伴随着搓劲同出，滚搓内劲的劲点在桡骨前端。

4. 右勾手随前臂略外旋，劲点由桡骨前端转落向尺骨前端，右臂以尺骨领先向左前方错出，此为错内劲。（图二 203）

5. 随着肘内劲在肘端融散，右肘向后下方沉坠，此为折内劲之折向后。（图二 204）

图二 203　错内劲　　　　　　图二 204　折后之折内劲

6. 肘内劲经前臂向腕部流注，促使勾尖下垂，此为折内劲之折向前。（图二 205）

要点：通过折内劲的折后、折前，内心对内劲在前臂的流动会逐渐有所感知，久习便可权衡内劲的轻重。

图二 205　折前之折内劲

图二 206 磨内劲之合　　图二 207 磨内劲之开

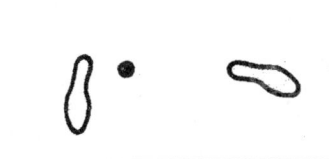

图二 208

7. 左手食指、中指、无名指指肚依附右腕，沿平圆轨迹向左平旋，内劲经胸前十字中心透向背后，以肘催手向右前方绕环抛出，此为磨内劲。（图二 206、207）

要点：

①磨转的前半圈是运用向心力促成腰、肘、腕的相合相吸，后半圈是运用离心力促成腰、肘、腕的相开相斥。

②腕的后援是肘，肘的后援是腰。

8. 以肘带动腰圈向左平旋而使身体随之左转，左脚尖外撇，右脚跟外旋；随身转，内气在身前形成一硕大的圆球，左手依球形向左、向下旋绕，背部有后倚之意；随后左前臂外旋，于左胯前将意气之圆球托起弹向前上方。（图二 208～211）

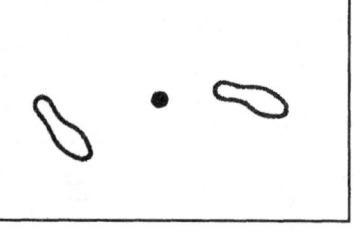

图二 209

图二 210

图二 211

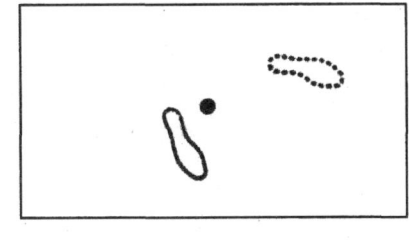
图二 212

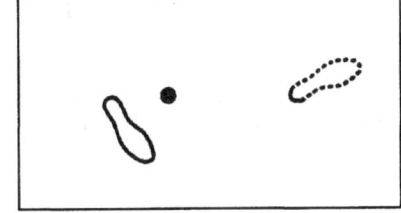
图二 213

9. 两肘端意气下沉与腰圈吻合；随着意气继续下沉，左腿自然屈膝提起，左肘依弧形落向左膝外侧使肘膝相合，左腿向前落步，左手前伸，将弹起的意气圆球接回手中，左手内旋，手心向下。（图二 212～214）

10. 内气经左臂、背后向右腕传导；臀似落座，背部、四肢的内气依赖"身备五弓"之意向四外圆散。（图二 215）

图二 215

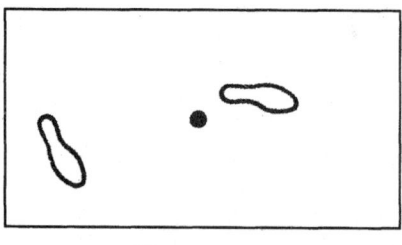

图二 214

第十式　高探马

歌诀：左沾右随圆中趣，两手旋环任意行。

心法：

1. 以肘带动腰圈左转，两臂随之依附肩圈向左平旋。左掌、右勾相随运转，内气由左手经身后之肩圈传向右勾手，此为内气沿平圈运行。（图二216）

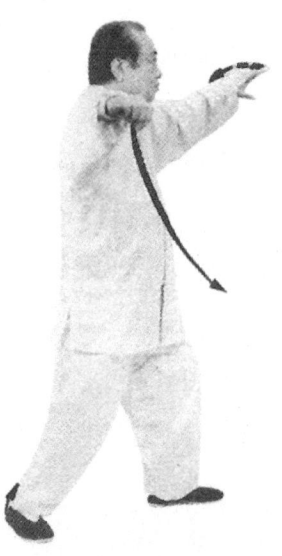

图二 216

图二 217

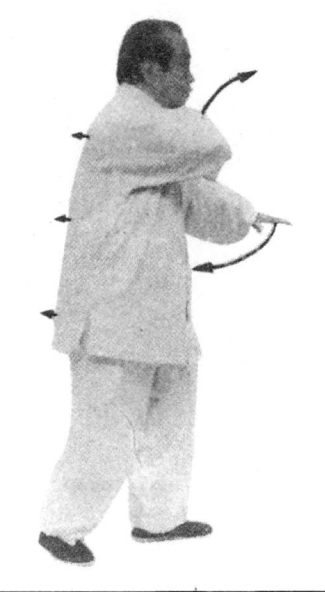

图二 218

图二 219

2. 右勾手向裆前下落变拳，同时右脚前移半步，背部后倚，促使内气由裆间经背后沿立圈轨迹上行圆转绕向头前方；右拳随前臂外旋前伸，于头前与上行的内气会合并引领内气下落至腹前，左手圆转外翻，手心转朝上，右拳落至左手心，此为内气沿立圈运行。（图二217～219）

图二 220

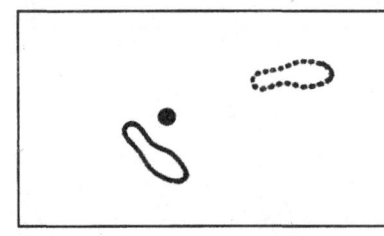

图二 221

图二 222

3. 内气由两手之间催向胯左侧，转循背后沿斜圈绕向右肩前，右拳内旋变掌沿逆时针绕向右前方与内气会合，并引领内气向前掤挤，此为内气沿斜圈运行，左脚提起略前移，脚前掌着地。（图二220～222）

要点：此式意在培养内气沿平圈、立圈和斜圈潜转流行，其间转换衔接无断续痕迹。当年为了理解高探马的内气走向，先师曾嘱我等去古观象台细看浑天仪的构造，浑天仪由平、立、斜三环相套，上缀日月星辰，通过平、立、斜圆的旋转演示天体运行规律。

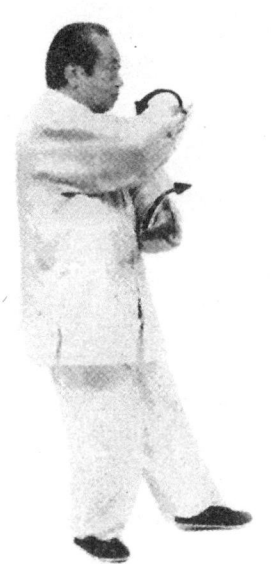

图二 223

图二 224

图二 225

图二 226

图二 228

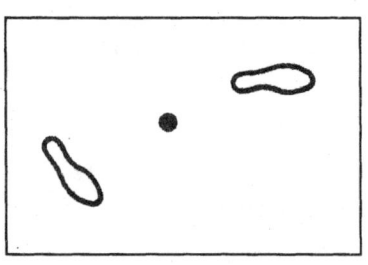

图二 227

· 第四路 ·

第十一式 右分脚

歌诀：藤攀两臂腿自起，足分胯圈立准平。

心法：

1. 两臂圆屈，右手向左肘上方回旋，左手环护右肘，随即左臂向左前方圆展，右手沿S形路线收经胸前再向右、向下圆转按落于腰部右前侧。（图二 223～226）

2. 左脚略向左前方上步成左弓步；右手经左手虎口上方向前穿出；身体随腰圈右旋而右转，左脚尖内扣，继而右脚跟内旋提起；右手经头前上方向右胯前旋落护胯；同时，左手向右旋绕，先护右肘，再护右胸。（图二 227～231）

要点：此式两臂的回旋穿绕宛如藤萝缠树重叠旋绕。

图二 229

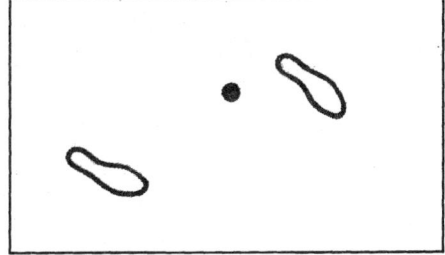

图二 230

图二 231

图二 232

图二 233

图二 234

3. 右脚略前移，脚尖微上抬，同时，左手环护右肘，右手随臂内旋经左肘内侧向左上方翻转画弧，先护左胸，继而护面，再向头前上方伸展；意想在头右上方半空中出现一道彩虹，双手依彩虹之形由上向前呈半圆形旋抹而下，左手落经腹前略向左上方旋绕。（图二 232～236）

4. 两手收经两下肚角贴腹上行至两上肚角，随即向两侧前方穿伸。（图二 237～239）

要点：两手穿出时，意想两前臂有等量的藤萝绕挂其上，立身便会中正不偏，两臂的运行也自然沉稳均衡，无飘浮与偏沉之弊。

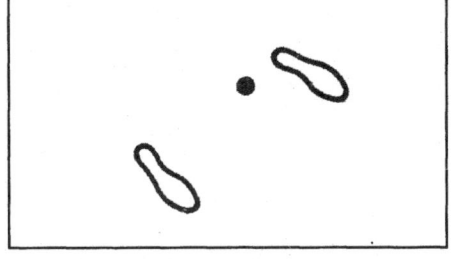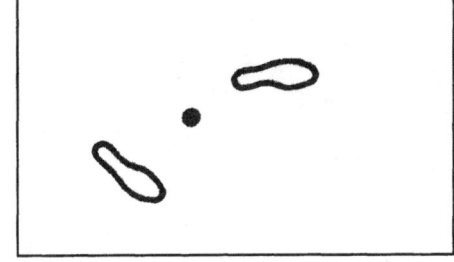

图二 235 图二 236

图二 237　　　　　　　　图二 238　　　　　　　　图二 239

第二章　行拳心法

127

图二 240　　　　　　　　　图二 241

5. 心中一静，内气下沉，两前臂内旋通出内缠丝裹合着捋内劲，右腿于不经意间提起，以右脚外侧向右侧前方分出；同时两手掌心通出掤按挤内劲向两侧前方伸展。（图二 240、241）

图二 243

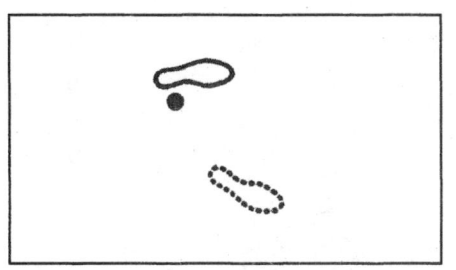

图二 242

第十二式　双峰贯耳

歌诀：双拳似丘陵，内气如泉涌。

心法：

1. 右小腿自然屈回成提膝，足尖松垂；两手外旋含踏采内劲向右膝两侧沉落，手心转朝上。（图二 242、243）

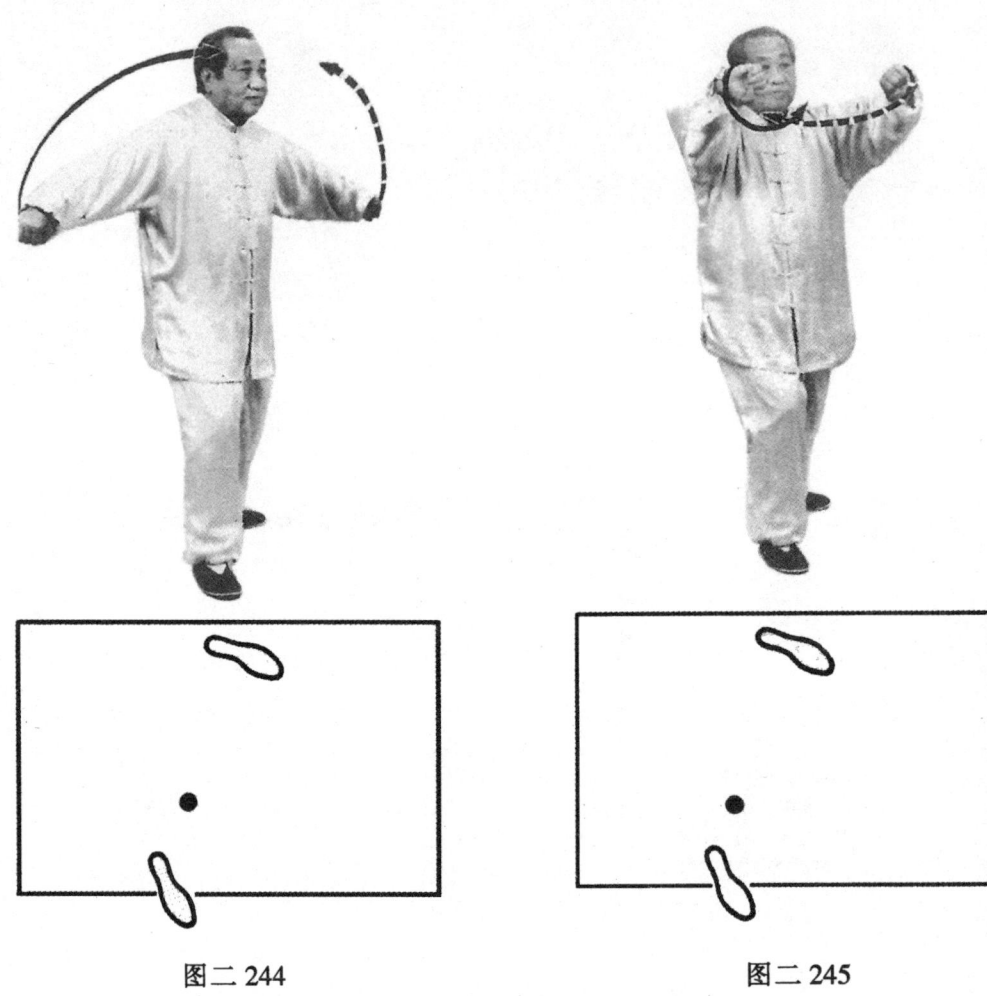

图二 244　　　　　　　　图二 245

2. 身形随内气下落而沉降，右脚随钟锤前荡向右前方落步成右弓步；两手边握拳边内旋，内劲由劲源通经两臂流向两拳，促使两拳圆转上旋至头部前方，两拳眼转朝两侧下方，由两拳背中指根通出掤挤内劲并保持掤挤内劲不丢，两拳含捋内劲略回勾，此即所谓"移位点不变"。由此式可体现出内劲混合之奥妙。（图二 244、245）

第十三式　左蹬脚

歌诀：藤攀两臂腿自起，足蹬胯圈立准平。

心法：

1. 两前臂外旋向胸前裹合相抱，两腕交搭，右拳在内。（图二 246）

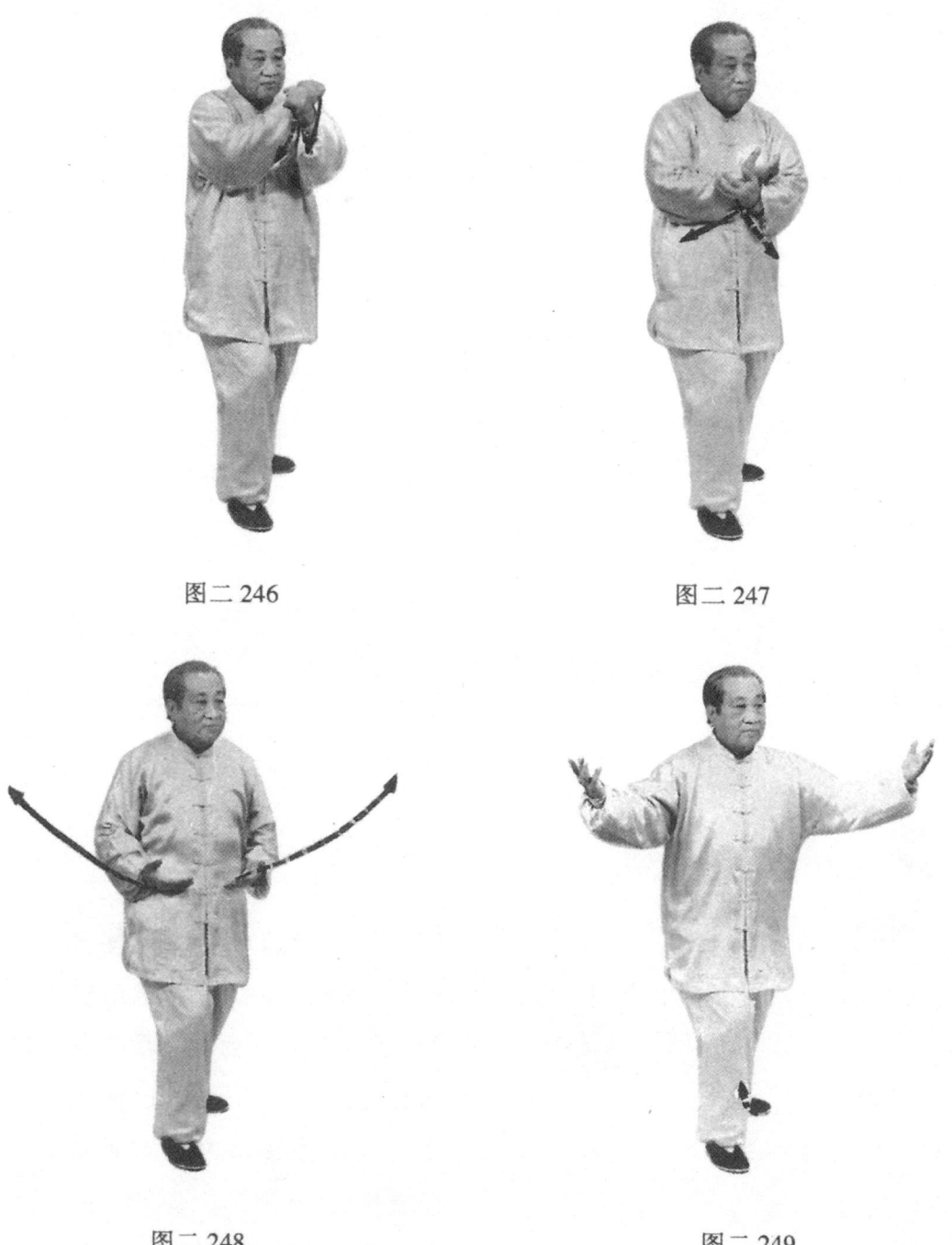

图二 246　　　　　　　　图二 247

图二 248　　　　　　　　图二 249

2. 两拳变掌，随内气下沉贴腹沉落，继而转以两手指尖领先向两侧前方穿伸，意想如有藤萝绕挂在两前臂上，立身便中正不偏，两臂的伸展也沉稳均衡，无飘浮与偏沉之弊。（图二 247～249）

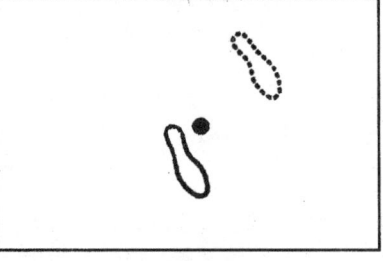

图二 250　　　　　　图二 251

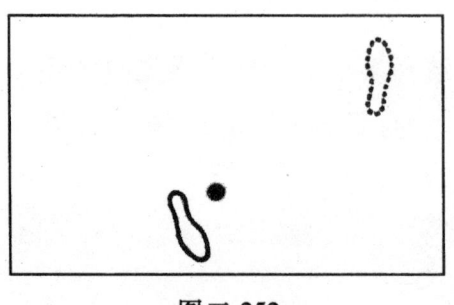

图二 252

3. 心中一静，内气下沉；两前臂内旋通出内缠丝裹合着将内劲；左腿不经意地提起，脚尖翘起，由左脚涌泉穴通出内劲向前蹬出；同时两手掌心通出掤按挤内劲向两侧前方伸展。（图二 250～252）

要点：先师曾指明，蹬脚和分脚抬足不可超过腰圈，盘拳抬足过高于养生无益。

图二 253　　　　　　　　　　图二 254

· 第五路 ·

第十四式　左右玉女穿梭

歌诀：递肘腾手梭互穿，平开意坚如赶山。

（一）左玉女穿梭

心法：

1. 两手和左脚圆转下落，左脚脚尖点地落于右脚内侧，随即重心移于左腿，左脚落实；右手环护左肘，左手按落于左胯前，手心斜朝下。（图二 253、254）

133

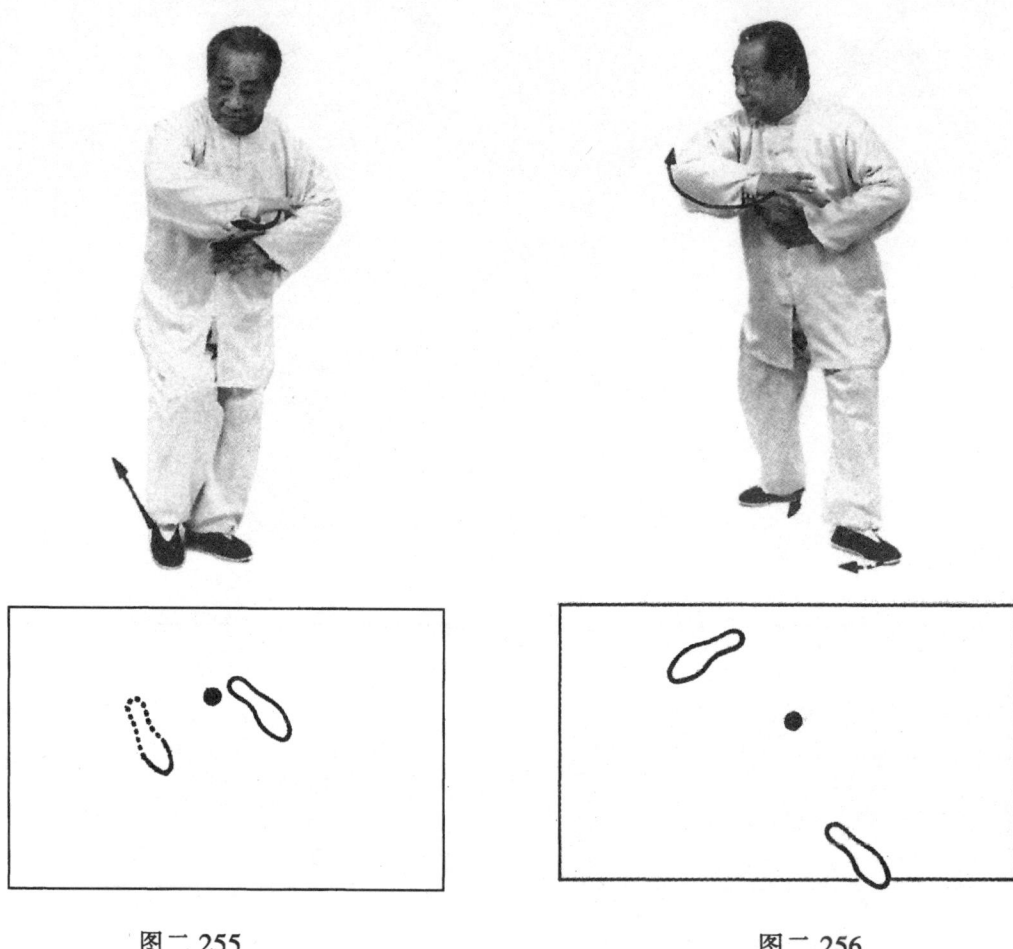

图二 255　　　　　　　图二 256

2. 随着后撤三关之意，右脚脚跟提起，以脚前掌贴地向后撤步；同时以两肘带动腰圈向右后转身，左脚尖内扣，右脚跟内旋，身中垂直线移向二点；右肘平屈，随转身向右侧递送，左手随前臂外旋提经胸前贴右肘上方向右穿出，手心朝上，右手随之微下落环护左肘；左臂在如将高山从面前赶开的意念与气势催动下弧形向左平开（非以拙力横拨）。(图二 255～258)

图二 257(反)

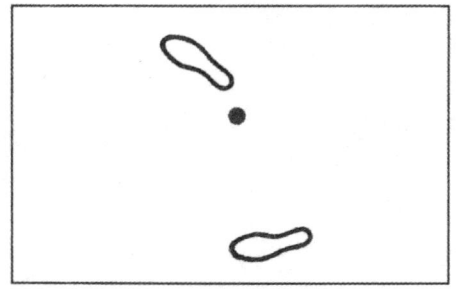

图二 257

要点：此式的关键在于递肘而腾手，右肘与左手形同织布梭子一般，肘似梭皮、手似梭心，肘开、手穿默契配合，使内劲朝同一方向传递。

图二 258

图二 259　　　　　　　　图二 259（反）

图二 260　　　　　　　　图二 260（反）

3. 左肘向左递送，腰随之微左转，右手提经左肘上方向左穿出，手心朝上；左手随之微下落环护右肘；右臂在如将高山从面前赶开的意念与气势催动下弧形向右平开（非以拙力横拨），同时以两肘带动腰圈右旋使身体微右转。（图二 259、260）

图二 261　　　　　图二 261（反）

图二 262

4. 两臂随钟锤后荡沿立圈圆转下沉，两手手心朝上如平托枪相仿；心中有抽枪之意，两手顺势后收；继而钟锤前荡，两手随之沿立圈圆转上抬，心中有前推枪把而使枪身垂直之意，两手顺势向前送劲。（图二 261、262）

要点：身手相合，其态宛如凤凰抬头一般悠然婉转，使掤按内劲在轻灵顺遂的动荡中自如地转换。

图二 263　　　　　　　图二 263（反）

图二 264　　　　　　　图二 264（反）

5. 右手继续沿立圈上行合向头前，随即前臂内旋圆转上掤，同时左前臂内旋，随着以意引领立圈向前扩展，由劲源通出掤按挤内劲，促使左手圆转向前穿伸。（图二 263、264）

图二 265

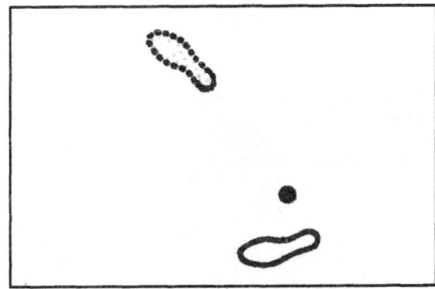

图二 266

图二 267

（二）右玉女穿梭

心法：

1. 身体随钟锤向左旋荡而微左转；左肘平屈向左侧递送，右手随前臂外旋落经胸前贴左肘上侧向左穿出，手心朝上，左手随之微下落环护右肘，右脚尖抬起略向前移步；右手在如将山从面前赶开的意念和气势催动下弧形向右平开（非以拙力硬拨）。（图二 265~267）

图二 268

图二 269

图二 270

2. 右肘向右递送，腰随之微右转；左手提经右肘上侧向右穿出，手心朝上；右手随之微下落环护左肘；左脚跟提起，随钟锤向左前旋荡而向前上步，左手在如将山从面前赶开的意念和气势催动下弧形向左平开（非以拙力硬拨）。两肘带动腰圈微向左转，成左弓步。（图二 268～271）

图二 271

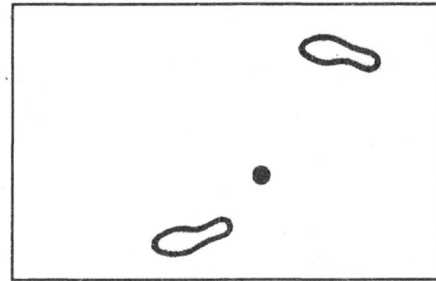

图二 272

图二 273

3. 左臂随钟锤后荡而沿立圈圆转下沉，两手手心朝上如平托枪相仿；心中有抽枪之意，两手顺势后收；继而再随钟锤前荡，两手复沿立圈圆转上抬，心中有前推枪把而使枪身垂直之意，两手顺势向前送劲。（图二 272、273）

要点：身手相合，其态宛如凤凰点头一般悠然婉转，使掤按内劲在轻灵顺遂的动荡中自如地转换。

 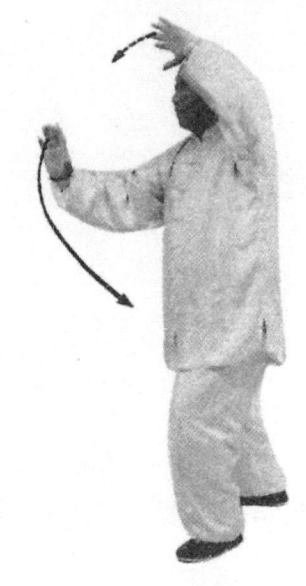

图二 274

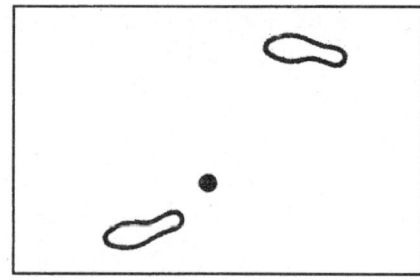

图二 275

4. 左手继续沿立圈上行合向头前，随即前臂内旋圆转上掤；同时右前臂内旋，随着以意引领立圈向前扩展，由劲源通出掤按挤内劲，促使右手圆转向前穿伸。（图二 274、275）

第十五式　下势

歌诀：意如滑坡身遂落。

心法：

1. 以肘带动腰圈使身体随之右转；同时左脚尖内扣，右脚跟内旋。

图二 276

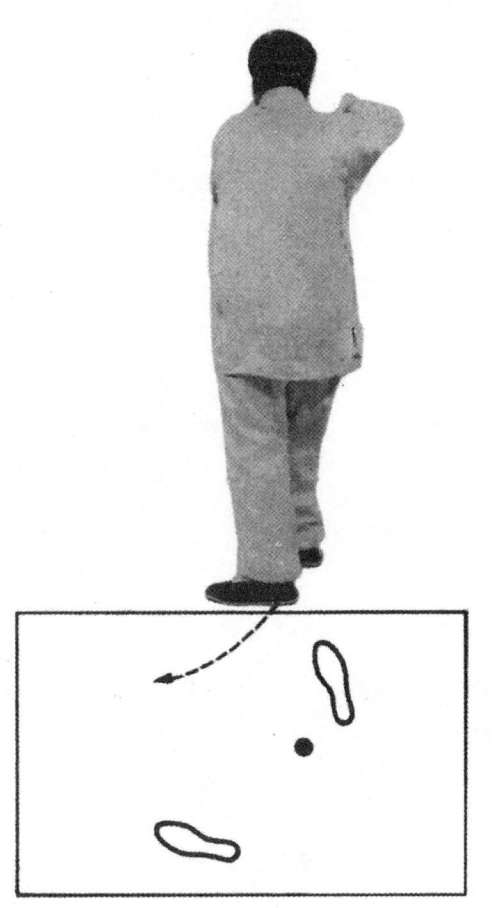

图二 277

图二 277（反）

右臂沿逆时针圆转下落经腹前绕向肩圈右前侧，右手内旋，五指聚拢成勾手，勾尖朝下；左手经面前下落，以食指、中指、无名指指肚搭扶右腕内侧。（图二 276、277）

图二 278（反）

图二 278

2. 左脚在山体滑坡之意引领下贴地向后滑移，右腿随之屈膝成仆步；臀部如坐在矮凳上，右腿全无荷重感；左手手心朝内环贴右膝至裆前；再随身体左转，左脚尖微外撇，左手指尖转朝前，手背贴左膝、左踝内侧向前穿伸。（图二 278～280）

图二 279(反)

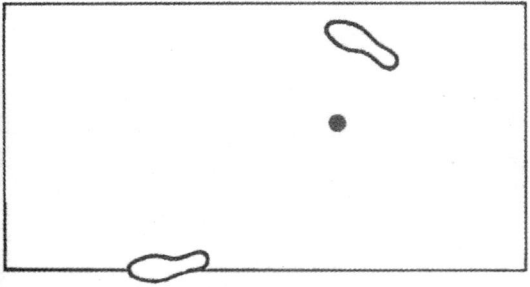

图二 279

图二 280

图二 280(反)

第二章 行拳心法

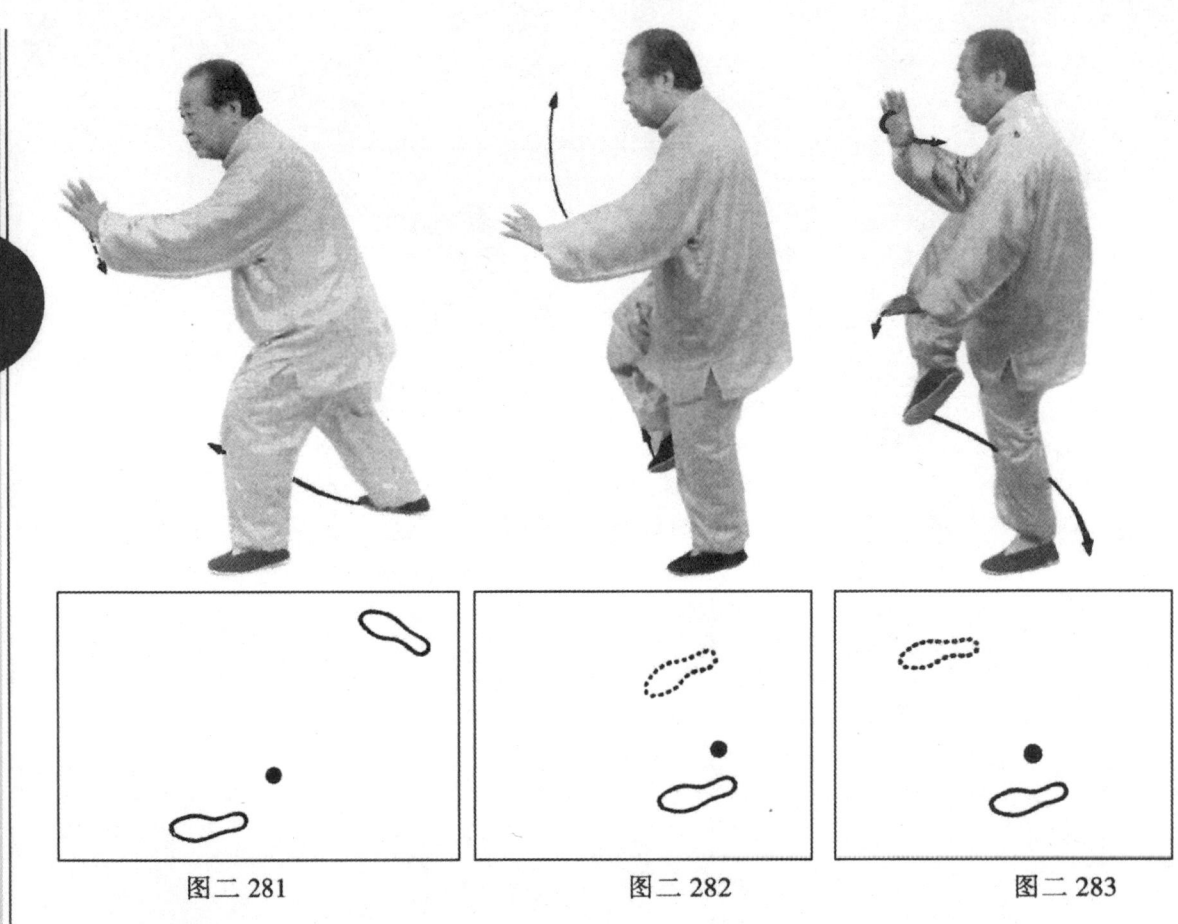

图二 281　　　　　　　　　图二 282　　　　　　　　　图二 283

第十六式　金鸡独立

歌诀：雄鸡展翅旭日升。

心法：

1. 眼神凝视左手所指处，神意气自然聚拢，从眼神与左手指向的交汇处蜿蜒入地，下行之意不停，即弧形向前上穿出，左手与身体随着神意气上行而自然抬起，右勾手变掌落于胯右侧。（图二 281）

2. 右掌渐外旋继续向前运行，与左手相合于腹前；随即两掌左下、右上交错运行，同时，右腿于不经意间屈膝上提，内气由劲源流经两臂，促使下落的左手通出踏采内劲；向前上穿伸的右手发出掤按挤内劲；两臂圆展似雄鸡展翅，精神饱满，内气圆散促使身形有后倚之势。（图二 282、283）

要点：图二 281 神意气运行的全过程呈 U 字形；图二 282 在右腿意欲上提时，意想朝阳由身后冉冉升腾，精神为之振奋，内气随之上升渐渐贯通全身并促使右腿悠然上提。

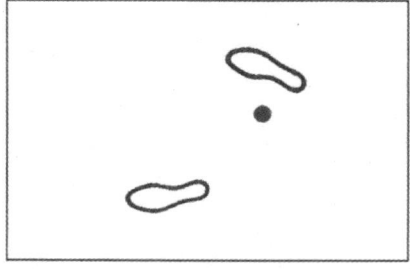

图二 284

图二 285

第十七式　海底针

歌诀：弛意入幽谷，弓满弦自张。

心法：

1. 以两肘带动腰圈右旋而使身体微右转，右脚落至左脚右后方，左足跟随之抬起，身中垂直线移向四点；两手心相对，沿顺时针左上右下圆转运行，左手旋向左胸前，手心朝右；右手旋向腰圈右侧，手心朝左。（图二 284、285）

图二 285（反）

147

图二 286（反）

图二 286

2. 身体略左转，左脚微前移，以前脚掌虚点地面成虚步；左手渐渐内旋，继续沿顺时针向胯圈左前侧旋绕，手心朝下，背部有圆散后倚之意，内气由劲源向两臂输布，经左手向下通出踏采内劲；同时意想右前臂如拢托着一个大气球，随着意念的一蓄、一开，将气球弹向虚设在膝前的一条横线上。（图二 286）

要点：此式的关键在于捕捉拳势中自然呈现的意气蓄发相间的一瞬，此即发劲弹射气球的时机。

右臂弯拢托的大气球在意念中就像一个幽深而空旷的山谷。大气由山谷口涌入谷内，待山谷蓄满大气，发劲的时机便接踵而至，无须任何动作，内劲便恰如弹丸离弦一般径自弹向膝前的落点。

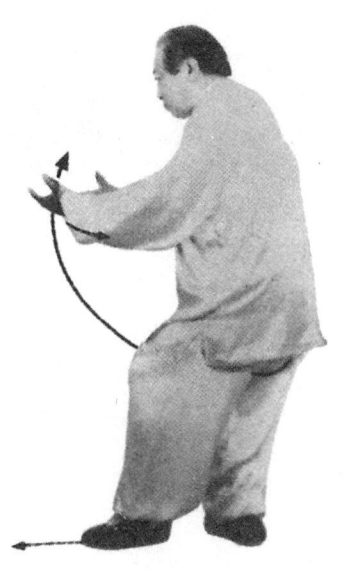

图二 287

图二 288

· 第六路 ·

第十八式　扇通背

歌诀：内气催姿势，三关前长。

心法：

1. 两手外旋并略前移，意想将弹出的大气球接回两手中，心中一静，内气下沉，由尾闾弧形通向两手中间；左脚随之自如地向前移步。（图二 287、288）

图二 290

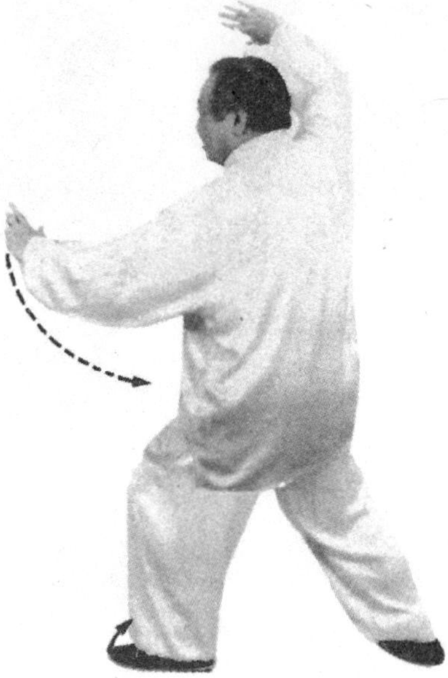

图二 291

图二 289

图二 291（反）

2. 左脚落平，随身中垂直线前移成左弓步。意想将两手中的大气球纳入身中，随即贴背上行至劲源，两手随之变半握拳提至腰间。（图二 289）

3. 气球逐渐向上、向外扩展直至笼罩全身。周身被天地间的浩然正气所贯通，带动两手渐渐内旋，依圆球扩展之势向四外圆展，左手扶向圆球的前侧，右手贴向圆球的顶部；身中垂直线移向二点，三关之意自头后侧向前上方舒展延伸（前长），周身气势随之而升腾。（图二 290、291）

图二 292

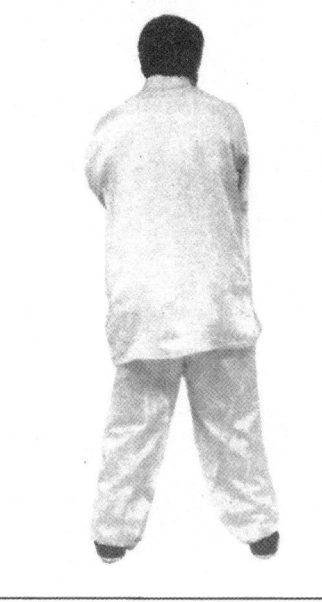
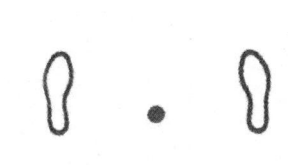

图二 293

第十九式　转身撇身锤

歌诀：步随胯圈转，曲伸意中求。

心法：

1. 随三关竖立，内气沿身中垂直线自然下沉至三点；身体微右转，左脚尖内扣，两足成内八字步；左手收经腹前上提至胸前，手心朝前偏右，指尖斜朝前上方；右手手心朝下，抓握小气球而变拳，由头前下落至腹前，内气由腰后向腹前贯穿，带动两脚前掌碾地，脚跟内旋，使脚尖转朝前；同时右拳含踏采内劲沉向腹前，左手通出掤挤内劲向肩圈前缘穿伸。（图二 292、293）

图二 293（反）

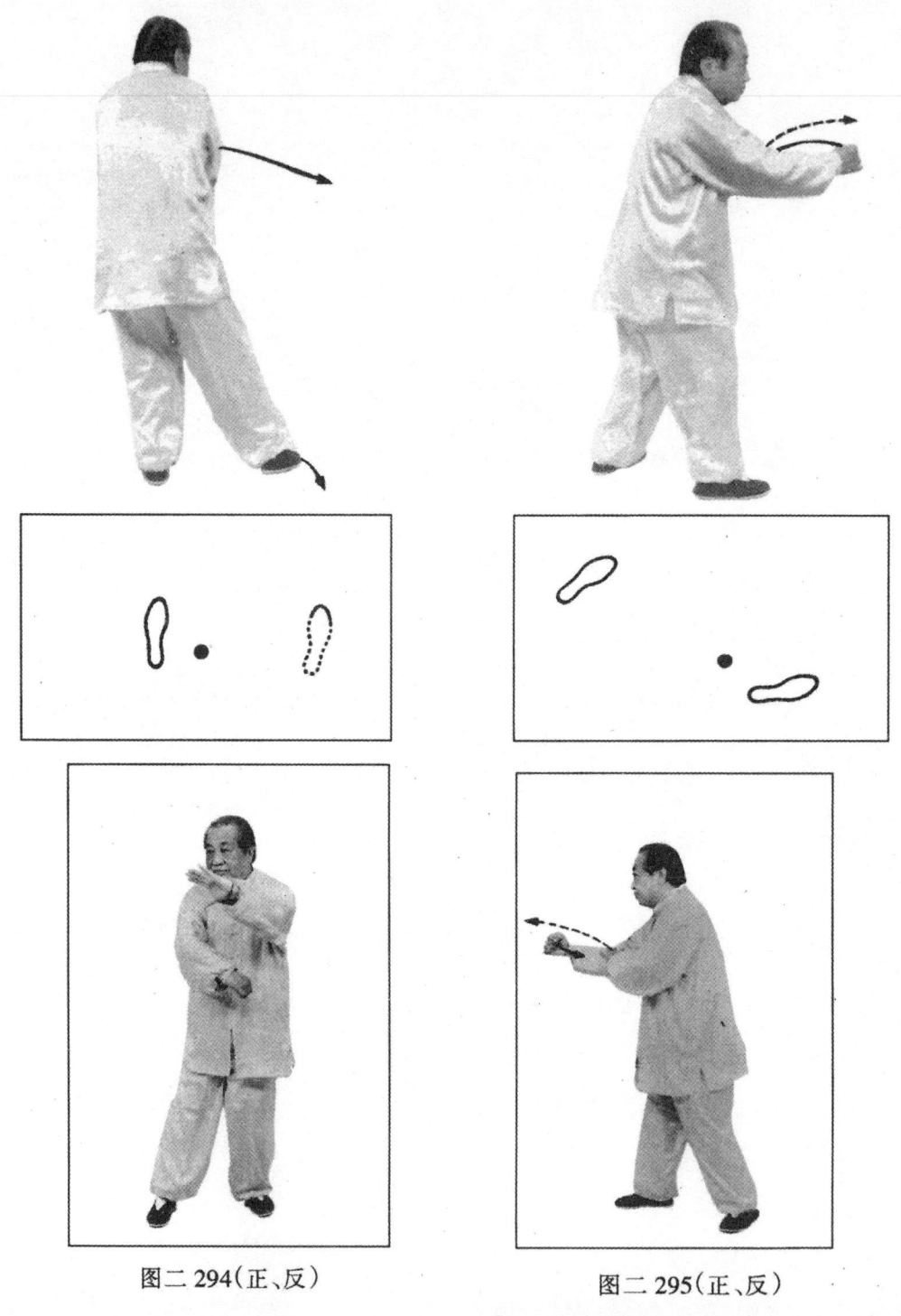

图二 294（正、反） 　　　　　图二 295（正、反）

2. 钟锤由右向后、向左旋荡，催动胯圈右旋，重心左移，身体随之右转。随转身右脚自然抬起向右移步；右拳外旋向右撇出，拳高齐腰，拳眼朝上；左手下落扶向右肘内侧，手心朝下。（图二 294、295）

图二 296

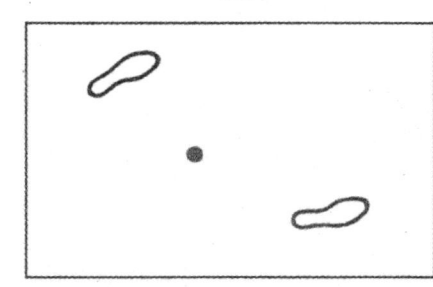

图二 297

3. 右拳随屈肘进身之意收向上腹前，拳心贴胸，左手向肩圈前缘掤展。（图二 296）

4. 右拳随着直肘撤身之意向前打出，同时背部后倚发出肘靠内劲催促右拳前行，拳眼斜朝下，左手以食指、中指、无名指指肚扶贴右前臂内侧。（图二 297）

要点：右脚要在胯圈右旋的带动下右移，移步之后应使身形舒适，这是检验该处步幅大小是否恰当、落脚方位是否正确的惟一标准。

图二 297（反）

图二 299

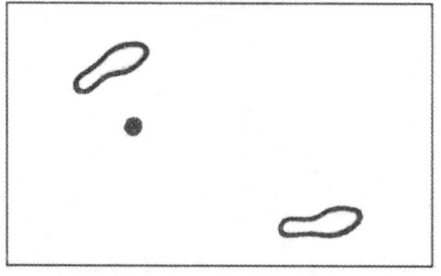

图二 298

第二十式　卸步搬拦锤

歌诀：胯圈旋搬肩圈拦，神意会集准星间。

心法：

1. 以两肘带动腰圈左旋而使身体随之微左转；身中垂直线移向四点，右拳由身前下落掩裆，再随身体微右转而外旋向前翻举，以拳背中指根指向前方"问星"；同时随着钟锤后荡，右脚向后撤步。（图二 298～302）

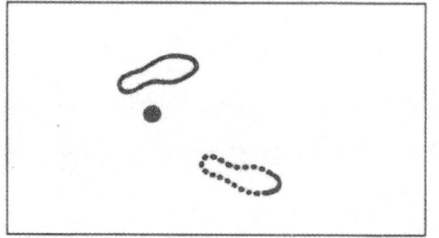

图二 300

图二 302

图二 301

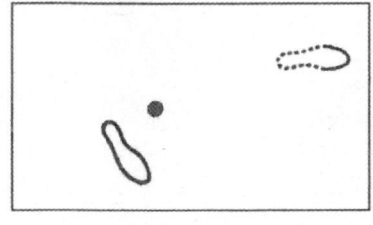

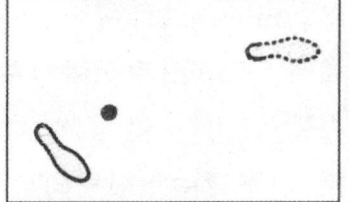

图二 303

图二 304

图二 306

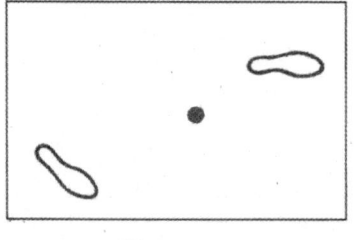

图二 305

2. 以两肘带动腰圈右旋而使身体微右转；右肘沉向腰圈，左手成俯掌经右肘窝上方向右穿出，左脚稍提起略前移。（图二 303、304）

3. 左脚落实，左肘随胯圈左旋带动左手沉向胯圈左侧，此为"下搬"。随即右拳沉向胯圈右侧，两手心皆朝后。（图二 305、306）

4. 内劲由劲源通经两臂，左手随前臂外旋圆转上抬并沿肩圈微向左旋，通出掤捋内劲，此为"上拦"。右拳随之亦圆转上抬，以拳背中指根指向正前方的空点，此为"问星"。（图二 307）

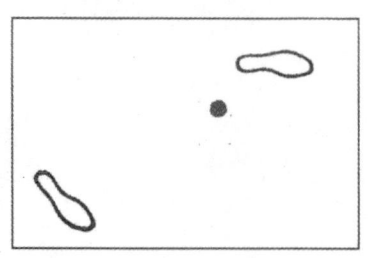

图二 307

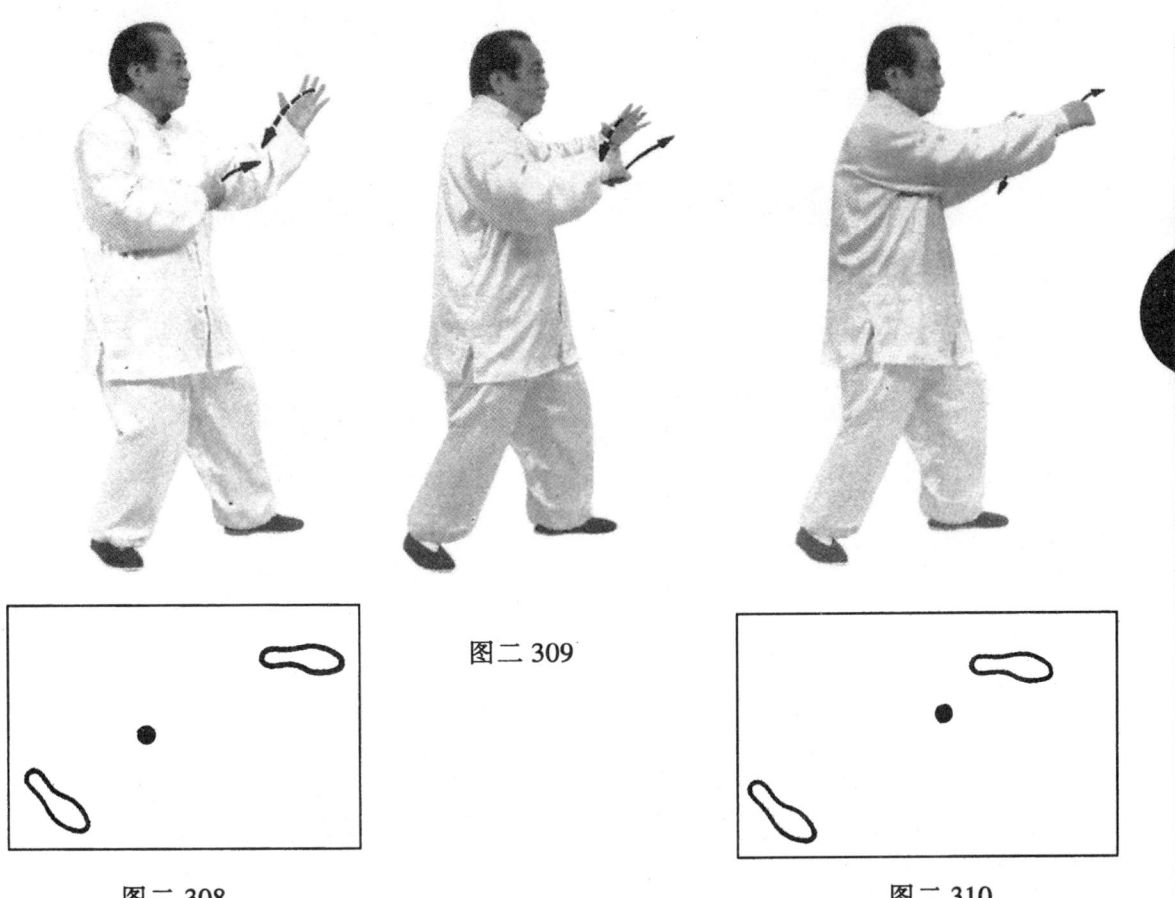

图二 308　　　　　　图二 309　　　　　　图二 310

5. 内气向胯间的钟锤沉注，随着钟锤后荡，右拳收向胸前，眼神凝视"问星"之空点。两肘带动腰圈右旋而使身体微右转；右拳略向右移，再随着钟锤前荡，内劲由劲源向肘端输送，促使右拳向前抛落，意想右拳犹如打落在水面上，激起水花四溅。（图二 308～310）

要点：

1. 卸步之用意在于屈己从人，当双方的劲势运转到彼盈我虚之际，采用右退而左进、下退而上进之法，可随势顺应、迂回运化。

2. 先师讲搬拦锤在下搬时必须依赖胯圈左旋引领，左手不经意地随之而搬，才能做到以意领形。上拦时要以肩圈蓬勃展开为主导，双手不经意地随之而拦才能体现出神意气之奥妙。

图二 311

图二 312

3. 当问星之际切不可心存打星之意，否则便会导致意气滞留于拳上。无论拳的出入如何变化，神意始终存留在准星中，此谓之"移位不变点"。

第二十一式　如封似闭

歌诀：阴阳转换恍如"山"。

心法：

1. 右拳外旋前伸变掌，意想将打溅的意气接回手中。随身中垂直线移向四点，左手手心朝下经右肘下逐渐外旋前伸至手心朝上，右手渐渐外旋屈回，两手匀速等距地交错屈伸，直至右手收至左肘上。（图二 311～313）

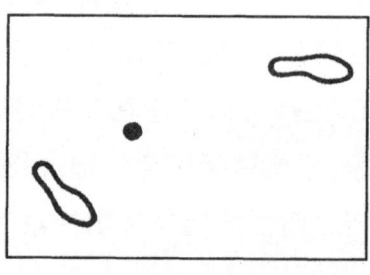

图二 313

图二 314　　　　　　　　　图二 315

2. 两手后捋时，意想有一横置的山字环绕贯通胸前背后，内气沿着山字中间的一竖纳入胸中，旋经背后孕育出一大气球，意气转沿山字外缘之两竖向前延伸，带动两手随之内旋并圆转前伸，上体如俯伏在大气球上，再将胸前十字透入大气球中；心中一静，气球沉稳地向前碾滚。身中垂直线随之移向二点。（图二 314~316）

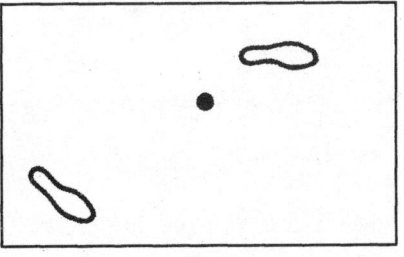

图二 316

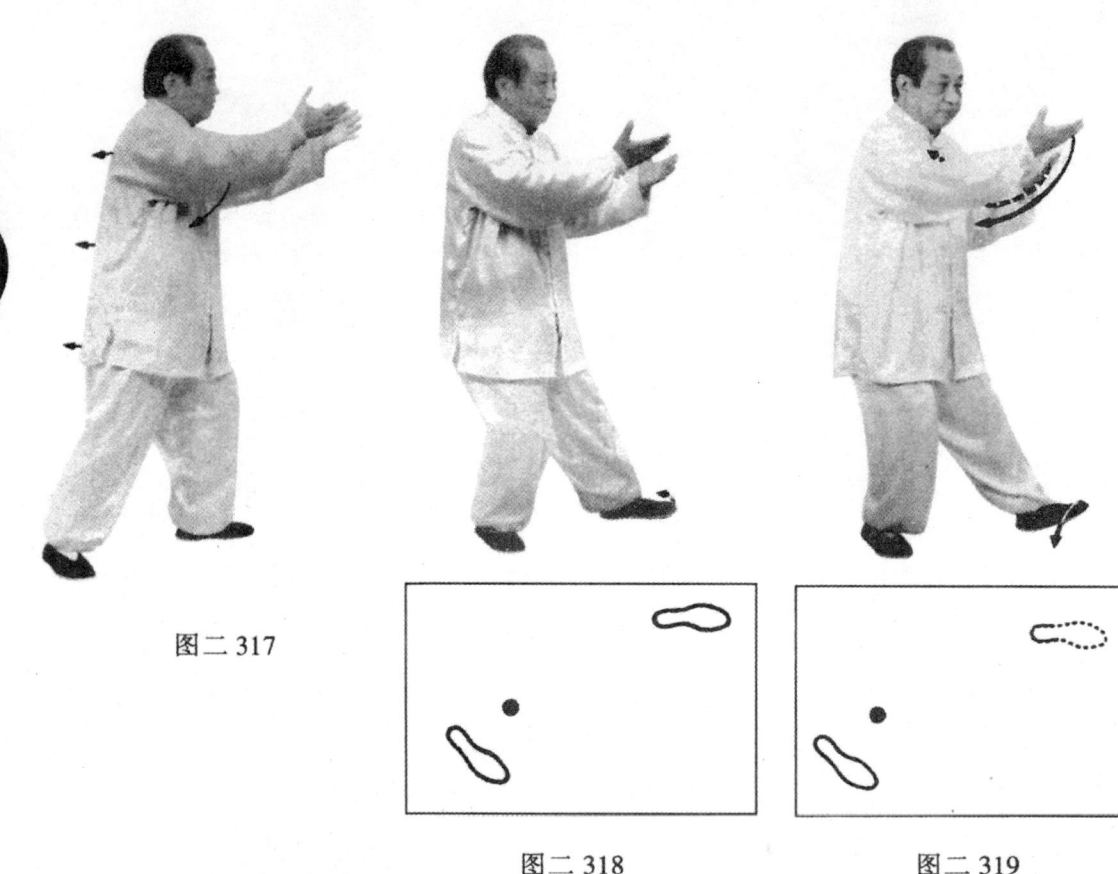

图二 317

图二 318　　　　　图二 319

第二十二式　十字手、合太极

歌诀：手扶胯圈钟下落，
　　　意领神行身自升。
　　　欲合太极心先静，
　　　三道气圈渺无存。

心法：

1. 双手圆转外旋，意如徐徐捧起一大气球；身中垂直线后移至四点，随之身背后倚，左脚尖内扣；以两肘带动腰圈右旋而使身体随之右转；两手环托大气球随身而转至面朝起势方向，左手经右肘上徐徐向右穿出，手心朝上。（图二 317～320）

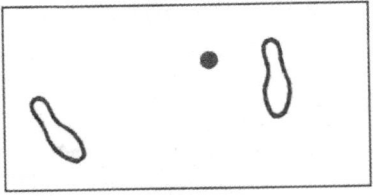

图二 320

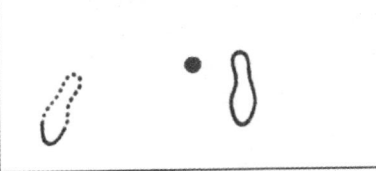

图二 321

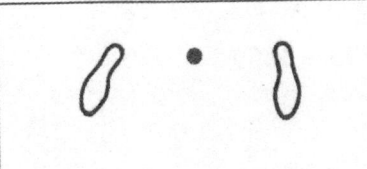

图二 322

2. 右脚跟内旋抬起略向后移，两脚平行开立；左手经前向左，右手经前向右依次沿肩圈划弧展开，两手依然平托着大气球。（图二 321、322）

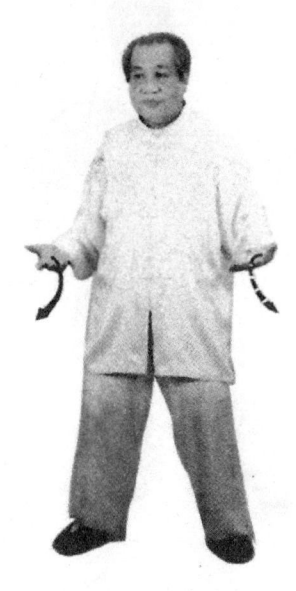

图二 323

图二 324

图二 325

3. 胸部微含，采挒将内劲经两臂、两手通出向后运行，意想将大气球吞入胸中；随着意气一定，一口无形的大钟便将上身笼罩，内气则在钟内自然地圆散开来，两手内旋犹如扶在钟口（胯圈）上。心中一静，身体随着大钟自然下落，两腿不经意地屈膝下蹲，两手手心贴着低垂的钟口前缘拢合至裆前，右手心贴左手背。（图二 323～325）

图二 326

图二 327

图二 328

图二 329

4. 两手与尾闾遥相呼应，内气从尾闾直落向三点，内气由地面像泉水上涌般贯注于伸在裆前的两手上，促使其外翻上捧；眼神遥望前方逐渐领起身形。（图二 326～329）

图二 331

图二 330

图二 332　　　　　　　　　　　图二 333

5. 左脚略向右移步，两手随前臂内旋合向胸前，心中一静，两手心渐转朝下并随内气层层松散下沉而逐渐下落，肩、腰、胯三道气圈在手下落之后即如烟似云般渺茫消散。（图二 330～333）

图二 334

图二 335

6. 意气一定，内气沉落，意想钟锤下沉至两小腿之间；两手随之下落至胯侧前方；内气转而升腾，促使两手外旋合拢于胯前，手心向上。意想两手将钟锤捞起送至胸中十字中心处；继而自颈椎后侧犹如落下百叶窗般逐层垂降，内气贴背下行至两踝中间，内在的精神自然蓬勃。两手随之内旋落向胯两侧。心中一静，在腰左前方一米处，意想有一圆点于迷蒙中显现，随即圆点向上下分行，眼神关注圆点的下行线，左脚不经意地向右脚靠拢。（图二 334～338）

要点：收势之后周身内外一片寂然，无我无为、全体透空。

图二 336

图二 337

图二 338

不同进展阶段行拳速度的调整：

行拳速度因受练拳者功夫深浅的制约而快慢不等，不能硬性规定行拳时间的长短。在初学阶段因尚未理解和运用理法之故，人们所盘的拳架都是空走招式，所以完成套路的时间比较短，虽然在前文中讲述了许多拳架理法，而初学者在短期内不会很快地理解和掌握，若此时要求其无端地延长练习空拳架的时间，则会导致拳势的中断和意念的茫然，并无实际意义。

待渐渐地在盘拳中融入一些理解的理法并体现在拳势中，就会越来越多地体现出盘拳的舒适之感，盘拳的时间也会自然地延长。

大致上，完整地演练二十二式拳架，初学者往往只用 15 分钟左右；到理解和掌握了大部分拳架理法后则需 40 分钟左右；到后来理法运用得非常纯熟时，则只需 30 分钟左右。总之盘拳无须虑及时间短长，只以自身在行拳中做到舒适自然、从容自在为要。

三、二十二式太极拳架连续动作图

第一路

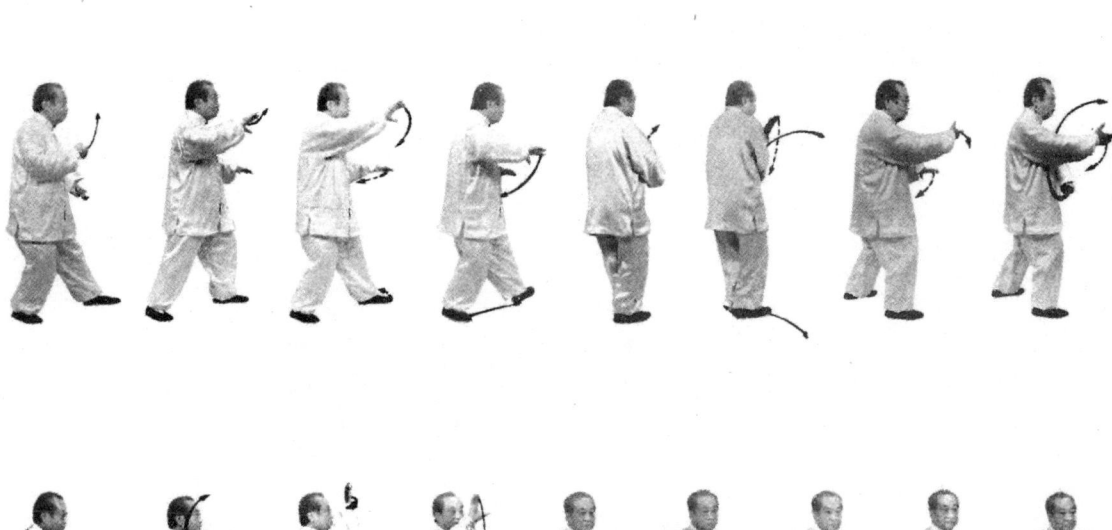

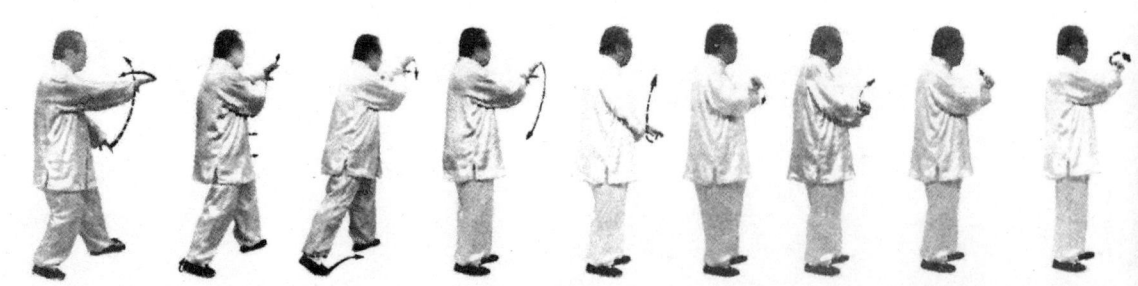

第二章 行拳心法

第二章 行拳心法

171

第三路

第二章 行拳心法

第四路

第二章 行拳心法

175

第六路

第二章 行拳心法

177

第二章　行拳心法

附：二行路线示意图

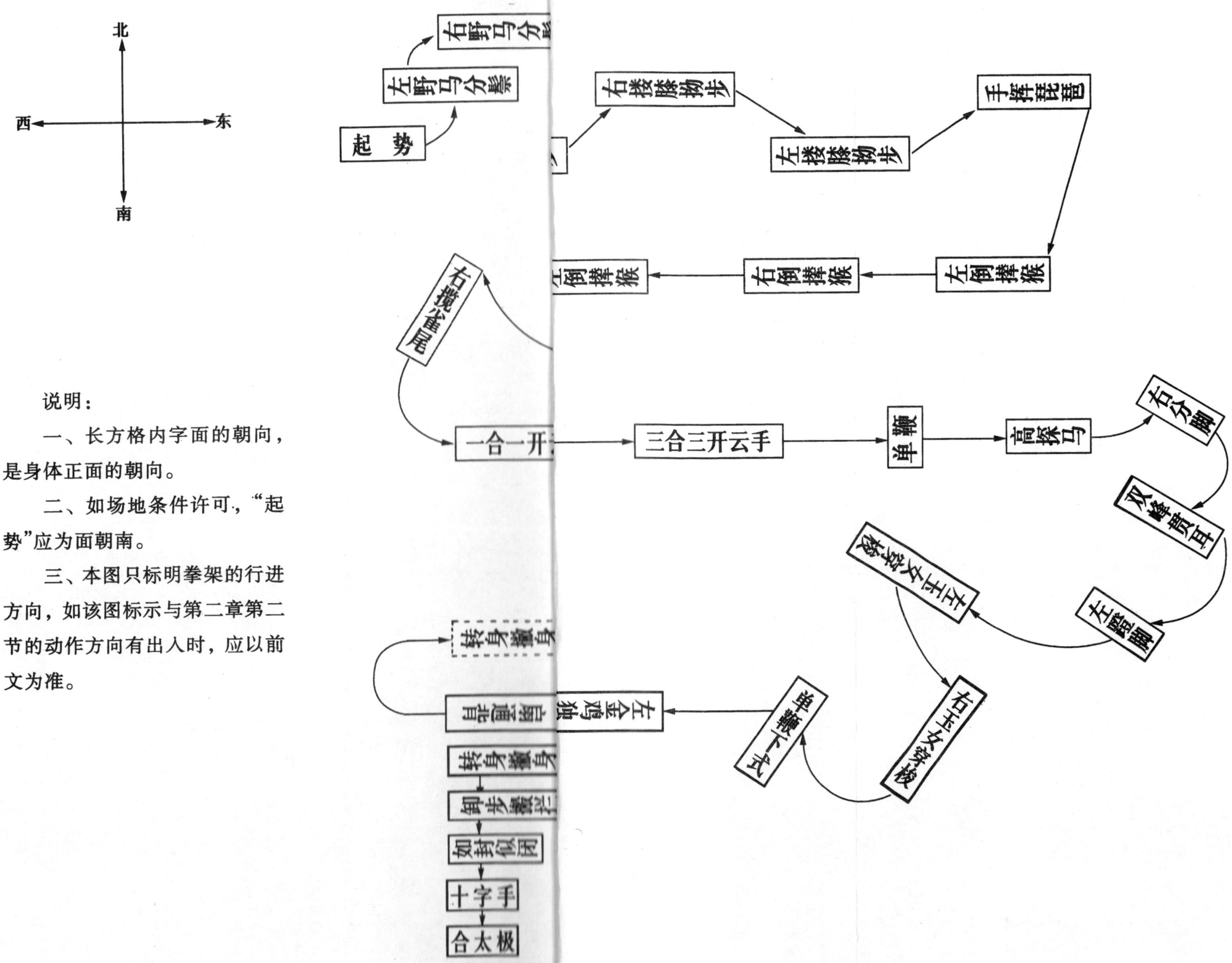

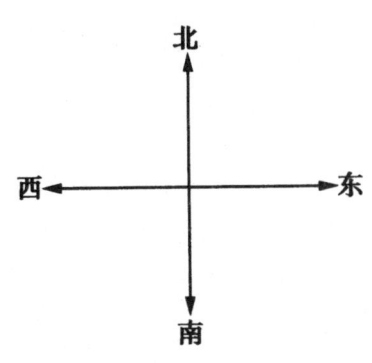

说明：

一、长方格内字面的朝向，是身体正面的朝向。

二、如场地条件许可，"起势"应为面朝南。

三、本图只标明拳架的行进方向，如该图标示与第二章第二节的动作方向有出入时，应以前文为准。

附：二十二式太极拳架运行路线示意图

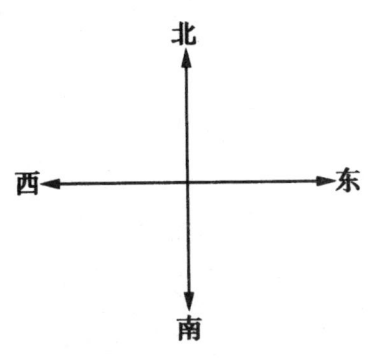

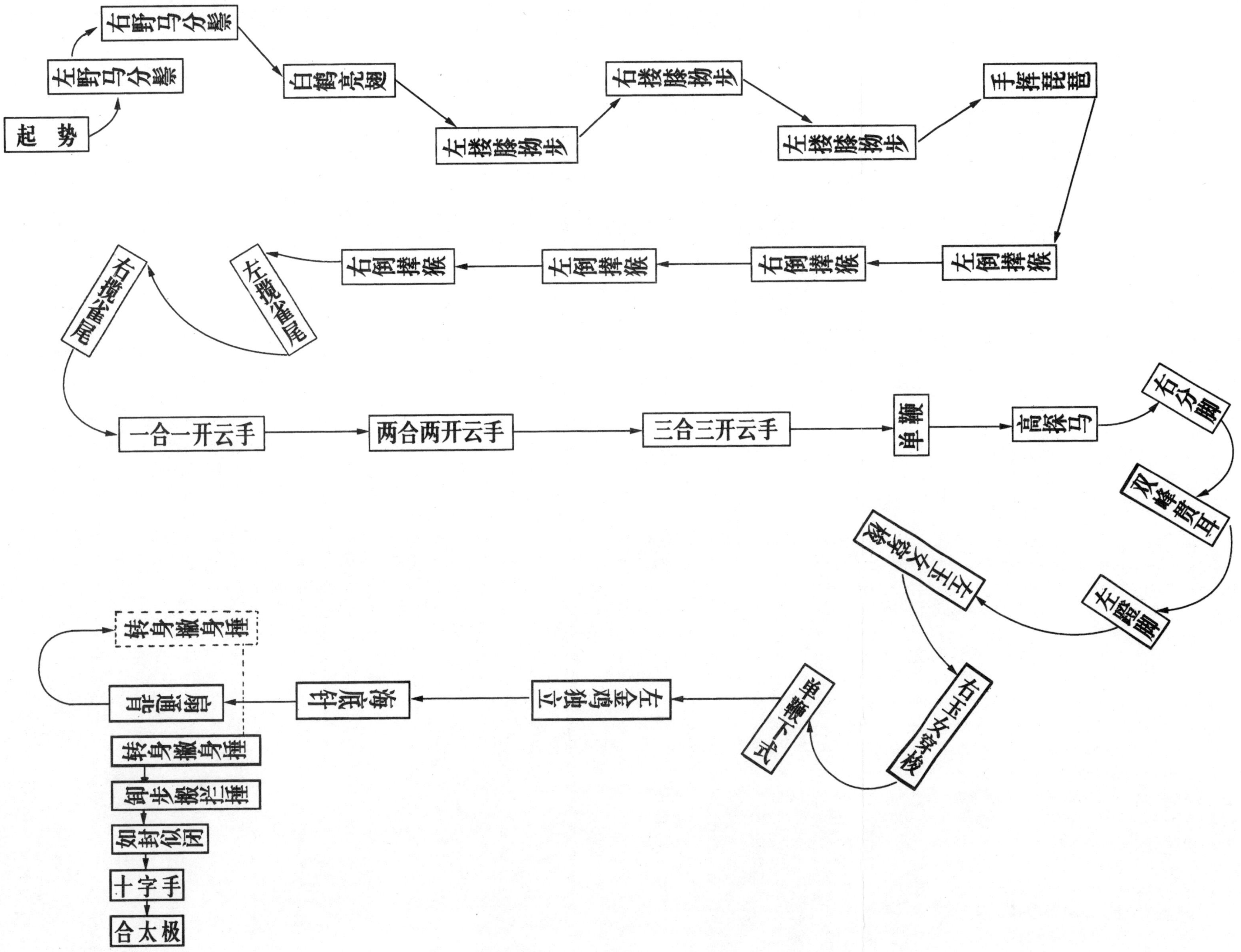

说明：

一、长方格内字面的朝向，是身体正面的朝向。

二、如场地条件许可，"起势"应为面朝南。

三、本图只标明拳架的行进方向，如该图标示与第二章第二节的动作方向有出入时，应以前文为准。

第三章 拆架拆手

第一节 拆架拆手释义

学拳者掌握了拳架练法之后，仍不会明确每式拳架应用的关键之处，故前人传下拆架子、拆手的方式来启发学者掌握每式每手的内劲运用要领，以求达招与术的有机结合与相互融贯。

拆架子是将完整的拳架拆解成单一的动作姿势，运用时不依动作的前后顺序操作，亦无须固守套路中固定的姿势高低、拳架大小之规范，故称"拆架子"。而后形成每一手的招术间相互依赖、融会贯通的应用，称之为"拆手"。

拆手要求重意不重形，遵循"脱规矩而守规矩"之说。同好之间演练拆手，可以相互检验对方盘练拳架掌握内功要领的程度。在实际拆手中要根据对方在接手瞬间的变化而随机应变，总要在招势不变的"无形"之中使内劲突变，方能做到"因敌变化示神奇"。

拆架、拆手是进入揉手阶段的必修课程，当拆手演练得空灵不滞、得心应手时，自会掌握八种内劲的混合运用并渐渐领会神意气之妙用，逐渐攀达太极拳艺的高峰。

第二节 单式拆手之招中术

一、野马分鬃之拆手

1. 当与对方接手之际，先求心静，此谓之"以静待动"。脚下顺应对方当时的身形、步态而进步（即对方右足在前时，我便进右足）。进步的步幅大小也与对方大致相符（彼步大我步大，彼步小我步亦小）。动步时只可以进身的气势逼人，不可用进步欺裆的方式蛮横侵入。上述要点适用于以下各式，不再赘述。

同时递肘而将双手腾出，两肘不丢不顶地通过接触点与对方双手相沾粘，以察知和把握对方的意图，对方在接触点感觉不到我之内劲的动向便不敢妄动。（图三1）

图三 1

图三 2

图三 3

2. 以"胸前十字"促使肩圈斜转，带动两臂随之滚旋（左臂旋向左后，右臂旋向右前），如此内外齐转地与对方沾连相随，方不致产生"跑、藏"之弊。（图三 2）

注：先师传，外转内不转，谓之跑。有跑而内不随必倾。内转外不转，谓之藏。有藏而内不出必餧。

3. 以"胸前十字"促使胯圈随之左旋，带动左足随身形变换微向前移步；同时右臂顺旋而下，落至对方右肘弯处，左掌虚托小气球掤向对方面颊，此谓之"一顺"，随即心中一静，遂周身气势圆散并向对方侵渗，此谓之"一亲"。（图三 3）

4. 对方受我之气势相侵立感不适，必欲调整重心抵抗，乘对方形将展而术未出之际，意想右臂捧着一牙笏，陡然向右一提，此谓之"一捧提"，将对方催出。（图三 4）

图三 4

第三章 拆架拆手

185

图三 5　　　　　　　　　　　　图三 6

二、白鹤亮翅之拆手

1. 随内气流向背后，以左掌指贴右腕，再将挤内劲由后向前通出，对方受挤劲逼迫，必以双手拦截我之双臂，即借对方拦截之劲，右脚随着钟锤前荡而前移，与此同时双手向前平挤。（图三 5、6）

2. 挤内劲开至对方背后，神意气要"一定"之后才能实施采的动作。发采内劲时，会使对方受到浑厚气势的粘连和压迫而不由自主地下沉。此谓之"一开才能一合"。（图三 7）

3. 心中一静，相继发出的挒内劲才能使对方感到意料之外的突然"劲变"。挒内劲的走势恰与采内劲方向相反，使对方沿着挒内劲发出的方向被抛出。（图三 8、9）

图三 7

图三 8

图三 9

第三章 拆架拆手

图三 10

三、搂膝拗步之拆手

1. 有意识地以腕部与对方之手相接并使之粘连不脱。当我翻手欲运用下肢动作时,对方抢先提右足向我胯间蹬来。(图三 10、11、12)

2. 我顺势以左手沾带对方右手向下旋贴于对方右膝内侧并向外搂开;同时上右足,右腕连带着对方左手上旋绕至其胸前,内气由劲源通至手上,用掤按挤内劲将对方发出。(图三 13、14)

四、手挥琵琶之拆手

1. 接手之际,双手略抬,引对方双手扶向我肘部,我双手随即沉落在对方前臂上。随后三关竖立,背部后倚,用捋内劲沾着对方。(图三 15)

2. 小腹松静,内气圆转下落而后自然升腾,精神勃然提起;两手随内气的催发而自然向内翻转,用按挤内劲将对方发出。(图三 16)

图三 11

图三 12

图三 13

图三 14

图三 15

图三 16

第三章 拆架拆手

图三 17

图三 18

五、倒撵猴之拆手

1. 当对方双手用力按我双腕、同时上右步欲发挤劲时,我在接触点上以擎起之劲接对方的来力,内气由劲源透向胸前,促使两腕以接触点为轴心向上圆转掤提;同时左足随三关后撤而向后撤步。(图三 17、18)

2. 两肘展挒,将对方的来力化解,随即左腕沾附对方右手,右腕沾带对方左手提起,以右拳背逼向对方面前;眼神凝视右拳前方的准星。(图三 19、20)

3. 胸中一含,双手自然合向胸前,使对方感到猛然间落空,当其一怔之际,我即由劲源通出内劲,右拳随势内翻变掌,两掌催出掤按挤内劲将对方发出。(图三 21、22、23)

图三 19

图三 20

图三 21

图三 22

图三 23

第三章　拆架拆手

图三 24

六、揽雀尾之拆手

1. 先以周身气势侵渗对方的劲源，随即递出双腕，使对方在接触我双腕之际便立感不适，即用双手之力截按我之双臂。（图三24）

2. 意想两臂如同环抱着一只孔雀，既轻灵又稳妥地迎合对方的来力，使对方由不适转而感到舒适自然，遂恢复其立身中正的姿态，当彼毫无察觉之际，我即以意领内气增强两臂的圈揽力度，并放展两臂环抱的空间，将对方散发出去（图三25、26）。此为揽雀尾之用法。

3. 两手环抱气球粘着对方双手，先以意将气球微微压瘪，使内气进入胸中，继而神意气一定，内气的传导似通电般自胸中沿身中垂直线下行入地，即由身前通向双手，将对方掤出（图三27、28）。此为揽雀尾之掤势用法。

4. 对方双掌掤接我两前臂时，先以手领出肘内劲挤向对方背后之劲源（图三29）。继而以两前臂沾带对方的双掌，随着两肘端展挒而将对方捋向胸前，此时配合着腰圈右旋，将对方捋向我之右方（图三30）。此为揽雀尾之捋势用法。

图三 25

图三 26

图三 27

图三 28

图三 29

图三 30

第三章 拆架拆手

图三 31

图三 32

图三 33

图三 34

5. 倘若对方未被捋回时，两掌立即合向胸前，左掌贴右掌根，劲起于足下，转而升腾至胸前，使手、足之内劲上下相随地整体向前催发，将对方挤出（图三 31、32）。此为揽雀尾之挤势用法。

6. 倘若对方未被挤出时，两手立即内旋，意想犹如扶按在对方身后一只箱子的合页上，在两手下按时要有沿两腿内向后、回旋上掀之意相伴随，如此发出掤按挤内劲将对方催出（图三 33、34）。此为揽雀尾之按势用法。

七、云手之拆手

1. 使用左云手时，要以腰带肘向左运转，身内身外协调一致、速度均匀地齐向左转，才不会导致身转臂不动或臂转身不动的"跑、藏、倾、馁"之弊。与对方接

图三 35

图三 36

图三 37

图三 38

图三 39

手时，要内外相合地毫无鼓瘪之处，使对方的双手牢牢地扶贴在我的两前臂上，意气要先向内合，随即神意气暂短的一定，再开向对方背后，将其掤出。（图三 35、36）

2. 当双臂云至胸前时，两手微内旋成上下相对的"龙口"，意想将胸前的圆球吞向背后；随即神意气一定，再将背后的圆球向前吐发而将对方催出。（图三 37～39）

图三 40　　　　　　　　　　　图三 41

八、单鞭之拆手

1. 当我右勾手在运行中被对方拦截时（图三 40），内劲要通过胸前十字催促右前臂向右前上方旋滚而出，发滚劲的同时要伴随着桡骨通出搓内劲，方能将对方发出（图三 41）。此为滚劲用法。

2. 若滚内劲未奏效时，前臂略外旋，内劲由桡骨前端转落向尺骨前端，催促前臂向左前方错出，将对方发出（图三 42）。此为错劲用法。

3. 欲向前折劲时，右肘端先向后下沉坠（图三 43），使内劲在肘端融散，继而神意气一定，内劲由肘端返向腕部流注，促使勾尖下垂将对方发出（图三 44），此为折劲用法。

4. 当双手被对方拢合时，左手依附右腕，沾带着对方双手向左旋，同时内劲经十字中心透向背后，胯圈前移促使右足向前移步，内劲由后向右、向前圆转运行，通过肘催动手向右前方绕环将对方抛出（图三 45～47），此为磨劲用法。

图三 42

图三 43

图三 44

图三 45

图三 46

图三 47

图三 48

图三 49

图三 50

5. 当对方扶在我两前臂上时，用意引其来力通过肘端与腰圈相接，此谓"腰接"。使对方感到两手如被沾连在我臂上一样（图三48）。意气继续下沉，左腿自然提起向前迈出，同时左手外翻，内气经背后向右腕流注，周身内气受"身背五弓"之意驱策向四外圆散而将对方发出。（图三49、50）

九、高探马之拆手

1. 在与对方接触之前，背部之意要后倚，神意气才能弥散出平气圈，两手在旋转着的平气圈带动下与对方相接，使对方一搭手就受到平圈旋动的威胁而立身不稳（图三51）。当对方急欲调整身形恢复直立时，神意气继续沿平圈旋动将对方抛出（图三52）。此为平圈用法。

2. 神意气在身外弥散成立气圈，使对方一接手就受到立气圈的侵渗威胁（图三53）。对方受立气圈向前下旋动之影响而被按挪起（图三54）。此为立圈用法。

3. 对方受我由左侧胯经背后向肩右侧贯通的斜气圈之影响而被抛出（图三55、56）。此为斜圈用法。

图三 51

图三 52

图三 53

图三 54

图三 55

图三 56

图三 57

图三 58

图三 59

图三 60

十、分脚之拆手

1. 当对方将我之双手按至胸前时（图三 57），立即运用"如封似闭"式中的"阴阳转换恍如山"的劲法，双手背在擎接来力的同时找出对方来力之手的一个劲点，以劲点之边粘其双手，同时身背后倚，两肘随势而张展。两前臂随着通出旋绕裹挣之内劲而向上穿伸。（图三 58）

2. 心中一静，内气下沉，在对方毫无察觉下提起右腿，随即用右脚外侧贴向对方右胯；在两掌心通出掤按挤内劲的同时，右脚向右前方分摆。（图三 59、60）

图三 61

图三 62

图三 63

图三 64

十一、双峰贯耳之拆手

1. 当我起腿时，对方双手下落欲抱我膝；我立即内气下沉，两手向右膝两侧踏采，化开对方之手后，立即依斜圆向前上方划弧掤到对方两肩头。（图三 61、62）

2. 双手边内旋边握拳，内劲由劲源向两拳贯注，照准对方双耳发去，此刻对方会出自本能地出劲下按我之两臂，我则由两拳中指根通出掤挤内劲，将对方发出。（图三 63、64）

图三 65　　　　　　　　　　　图三 66

十二、蹬脚之拆手

1. 对方将我之两前臂按至身前（图三 65），以两前臂擎起来力并找出来力手上的一个劲点，以劲点之边粘其双手；身背后倚，两肘随势而张展，双手向外翻转，两前臂随着旋绕裹捋内劲的通出而向前穿伸。（图三 66）

2. 心中一静，内气下沉，在对方毫无察觉下悄悄提起右腿，随即以足跟贴向对方胯前，在两掌心通出掤按挤内劲的同时，右脚向前蹬出。（图三 67～69）

图三 67

图三 68

图三 69

图三 70

图三 71

图三 72

十三、玉女穿梭之拆手

1. 右臂屈肘随身中垂直线前移而向前递送，左手贴右肘窝向前穿出（图三 70）。对方必出手拦截，我顺势沾着对方双手，神意气一定，随着三关前长，由劲源通出按掤挤内劲将对方发出。（图三 71）

2. 左肘向前递出（图三 72），右手贴左肘窝向前穿出，当对方出手拦截时，顺其来势沉采其右肘，随后舒右腕，以太极枪中的挒枪之意引导右前臂向右平开而将对方挒出。（图三 73、74）

3. 递出两前臂，引对方出双手拦截，此谓之"递肘腾手"（图三 75）。随后两前臂蕴含太极枪中"凤凰点头"的劈崩劲法，相继运用采、挒内劲控制和调动对方，最后双手沿逆时针轨迹翻转，右手后引、左手向前穿伸而将对方发出。（图三 76～78）

图三 73

图三 74

图三 75

图三 76

图三 77

图三 78

图三 79

图三 80

十四、下势之拆手

1. 递出两前臂引沾着对方双手（图三79），然后顺着对方来力之势，重心右移，右臂横向右挒，右手内旋变勾手，沾缠着对方之左腕，随身形下落，左脚向左前方迈出。（图三80、81）

2. 身形随势左转，左掌随着钟锤前荡贴向对方右膝内侧并前穿，内劲由劲源通向两臂将对方发出。（图三82～84）

图三 81

图三 82

图三 83

图三 84

图三 85

图三 86

图三 87

十五、金鸡独立之拆手

1. 当双手被对方踏按时（图三85），两手顺内气升腾之势外翻，同时右膝也随势上提。（图三86）

2. 内气贯通周身，右手在上穿的同时通出掤内劲，左手向前通出挤内劲将对方发出。（图三87、88）

图三 88

图三 89

图三 90

图三 91

十六、海底针之拆手

1. 继上式，独立之足下落时，两臂皆被对方双手采下（图三 89）；右手顺其采势落至右胯前，同时左前臂掤起对方右臂，左足顺势前移，以足尖点地。（图三 90）

2. 左足前移踏实，身形略沉落，后背微隆起，内气由劲源通达两臂，左手发出踏按内劲，同时右前臂外翻向前绷弹，将对方发出。（图三 91）

十七、扇通背之拆手

顺应对方踏采我双腕之势而身形右转；上左步，两臂向上下圆转分展（图三92、93）。随身中垂直线前移、三关前长而将对方发出。（图三94）

十八、转身撇身锤之拆手

1. 当对方扶我两臂时，顺其来势而身形微左转，同时两手外翻掤起，右手握拳，以腕背贴向对方右肋（图三95）。随着胸部一含，左手经下绕向对方右臂外侧，同时身形微右转，右拳回勾，由劲源向两臂通出挒采内劲将对方发出。（图三96、97）

2. 在对方扶我两臂时，我两前臂亦可顺势向前上方掤提，并以右拳拳背指向对方面门（图三98）。此为"问星"。随后右拳随屈肘进身而内翻收向胸前，再随钟锤前荡而使右足前移，并在打出右拳的同时通出肘靠内劲将对方发出。（图三99、100）

图三 92

图三 93

图三 94

图三 95

图三 96

图三 97

图三 98

图三 99

图三 100

图三 101

图三 102

图三 103

图三 104

十九、卸步搬拦锤之拆手

1. 对方右手欲按我左肩时，我以左手接其右腕向右、向下旋裹搬开（图三 101、102）。对方被搬之手突然脱离我之左手向我面部搧来，我左手立即向左前上方翻掤穿拦。（图三 103）

2. 随胸部一含，我两臂撤向胸前，左手贴扶右前臂内侧，由劲源向肘端通出按挤内劲，促使右拳打出而将对方发出。（图三 104）

图三 105

图三 106

图三 107

二十、如封似闭之拆手

对方扶我前臂，我右手心轻贴左手背与之相接；随着胸部微含，背部后倚，两肘向两侧圆展，将对方推来之力化解。随即两手内旋，两臂如俯伏在一大气球上向前碾轧对方。（图三 105～107）

图三 108　　　　　　　　　　　图三 109

二十一、十字手之拆手

当我双臂被对方拢住时,两手顺势贴合,微含胸,背部后倚;随后两手向外翻转,同时随着三关前长,右足略向前移,由劲源经两臂通出肘靠内劲,促使双手向前伸展而将对方抛出。(图三 108、109)

要点:练习拆架拆手时,要处处注意培养"舍己从人"的心态与动作习惯,时时克制"先下手为强"等妄念所引发的盲动与蛮力。

以上所附的演示图照,我方都是用前臂与对方相接,来赚对方占上双手而腾出自己的两手来派各种用场,于是无形中便占了很大优势。故先师非常强调要递肘腾手。先师常讲"要是连自己的手都腾不出来,怎么能通出各种劲法呢"?

第四章 太极功法

第一节 太极功法说明

太极功法是融动与静于一体、开发人体神意气之潜能的一种高层次的内功练法。

先师讲，师爷健侯公夜晚常坐在草编的蒲团上练静功以养神意气。并不厌其烦地提示我们要注重内气的培养，内气不足则不能催促姿势的运行，也达不到气势之"圆"，气势不圆满，精神就提不起来。初时我们不解其意，动作气势散漫，因而老师经常批评我等内里没有东西。

1984年春，我们师兄弟邀请老师游香山公园。那天，老师特别高兴，和大家一起游逛、拍照留念。我想给老师拍几幅拳照，就请老师做个白鹤亮翅的姿势。老师故意不抬胳膊，笑着让我拍无身形的白鹤亮翅，我说，这只能拍出精神气势，看不出招术来。老师一拍掌说："这就对了，抬胳膊的是白鹤亮翅，这不抬胳膊内里练的也是白鹤亮翅呀！"一句话使我恍然大悟，始知太极内功的神意气原本就是不拘形式的。由此我对太极功法产生了浓厚的兴趣，开始不知疲倦地进行太极内功的探索和修炼。

不要认为太极功法是盘拳以前进行的桩功练习法，那种一练拳必须先站桩的刻板做法与圆融自然的行功境界相悖。为了不出偏差，学者应依书中提示的顺序学练。

首先，明白并掌握了内功理法之后再盘拳，就不会索然无味地练空架子。经过一个时期的盘拳，能分清什么是招式、什么是内劲以后，才能有的放矢地体现内功理法。待内功理法运用娴熟，用时便能自然出现时才是修炼太极功法的最佳时机，通过太极功法的修炼滋养神意气使之渐趋充足，进而求达阴阳自然平衡、圆融无碍的妙境。

总之,太极功法要在招熟、懂劲之后才能真正明白如何去练。

太极功法由炼神、炼气、炼意三部分内容组成。第一部分是炼神的程序;第二部分是炼气的程序;第三部分是炼意的程序。功法虽分三部,但彼此之间却又有着难以割裂的内在联系。习太极功法日久后,能自发地体现和掌握行功时机,并从中领略奥妙的存在与其出现时所显现的神通。

第二节　太极功歌诀与修炼法

一、炼神功法

术的内涵是神意气,就全面调动和发挥人体所蕴藏的功能而言,它们是密切相关、不可分割的三要素。其中神居首位,主宰着周身一切运动和变化的现象,其运行方式隐显交替、变化万端。其作用于形却不显露于迹象,运用于势而不拘泥于成规,灵动活泼、悠扬往来。正合所谓"神龙见首不见尾"之譬喻。

神的内在威势是在深识理法并运用自如而自然进入高深境界后方能领略到的。当人们掌握了拳术中的招与术既要相互依赖、而又能相互脱离的对立统一规律之后,就会明白招式有局限性,空练架子则无益。而以下介绍的内功之术却不拘于任何形式,既可伴随着招式合练,又可在无形无相的神意气流动中默默挖掘、积蕴内在的能量和功效。

(一)炼神歌诀

心令形运身从心,体内舒松形自停。混沌初澄心定意,沉着转换神自提。宇气落顶头光释,心中寂然静生形。空濛之气腹自纳,勃然不懈背光生。二目炯炯乾坤转,时机奥妙现神通。

图四 1　　　　　　　图四 2　　　　　　　图四 3

(二)修炼方法

1. 起始之际，全身内外俱寂，有不知身处何地之感，更无一处不适；此谓之"无我无为"。(图四 1)

2. 一片寂静到极处，动念悄然而至，精神随之勃然提起。在神的统领下，于瞬间完成开胸、张肘、塞腰、鼓腕之内气运行的全过程。(图四 2)

3. 内气悠然下行至会阴转而上升，促使两手处于腾虚状态并开始运行(图四 3)。形体的运行依赖心劲的促使和驱动，听命于十字中心的指令才会达到没有四肢感觉的自然运行。此即"心令形运身从心"。心非指供血脏器之心脏，特指胸部十字中心处。

要点：在具备一定行拳基础后才易于入静、进入功态；在熟练掌握拳架之后修炼太极功才能体会到神意气的细微变化。

4. 两手听命于心向上运行，当内气松散至身内有微醺的舒适感时，手的运行就茫然中止在通身舒泰之中(图四 4)。此为歌诀中"体内舒松形自停"的着落处。继而进入寂静的混沌境界即为"入静"，此处混沌的景象是指十字中心处像天地未开时的一片迷濛；而后心中"一定"，继而缓缓呈现出阴阳渐分、天地初开般的光景，心神自会从容镇静，心使意停呈静止状态，此为"混沌初澄心定意"的意境的体现。

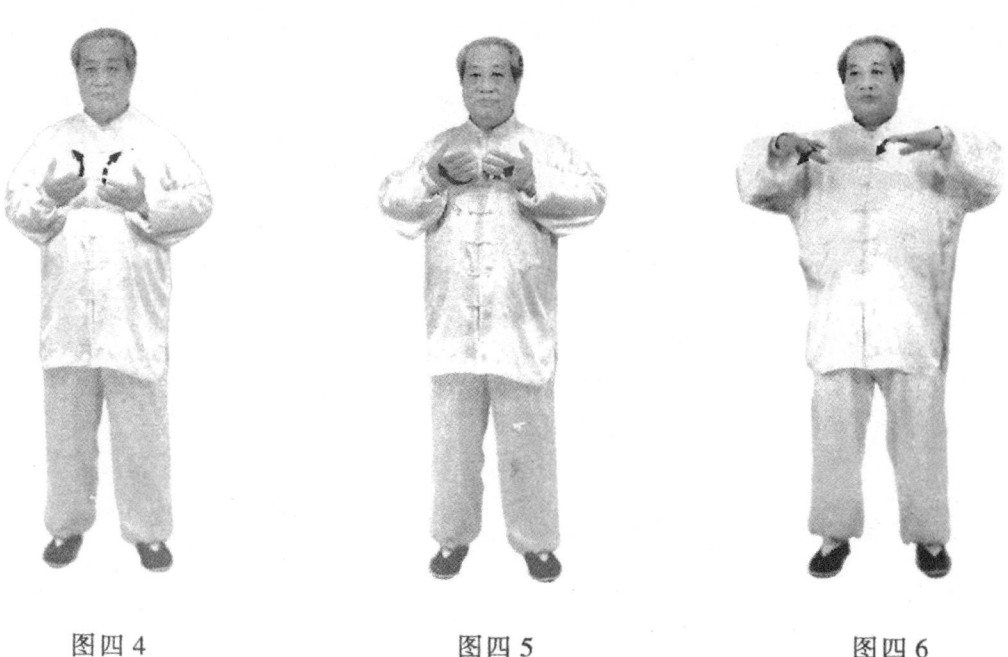

图四 4　　　　　　　图四 5　　　　　　　图四 6

5. 由于意和形的动态停止而转入静态，神气相抱升腾而起形成自然悬顶，而后在头部周围形成一轮光环，宇宙之气自然进入光环顶端而形成阴阳二气的交融。同时以神气驱动两手内旋进入变换（图四 5、6）。此为"宇气落顶头光释"的意境体现。（附图四 6）

6. 胸部十字中心寂然不动，阴静至极点时，自会孕生出阳动之形，转入再度起始、运行，此即"阴阳互为其根"的体现，并由此促使两手向前伸展（图四 7）。此为"心中寂然静生形"的着落处。

7. 两手听命于心向前运行，当体会到身体有松散的舒适感时，手的运行就茫然而止。继而心中自然"一静"，刹时精神团聚升起，两目炯炯有神地遥望前方；片刻后有一似幻似真的气团迎面扑奔怀中并自行入腹，透达两肾而使背后三关自然竖直，同时背部散发出犹如佛像之背光外放的感觉，形成胸腹与背部之间阴阳二气的交融，周身内气勃然不懈（图四 8）。此为"空濛之气腹自纳，勃然不懈背光生"的着落处。（见附图四 6）

图四7

图四8

图四9

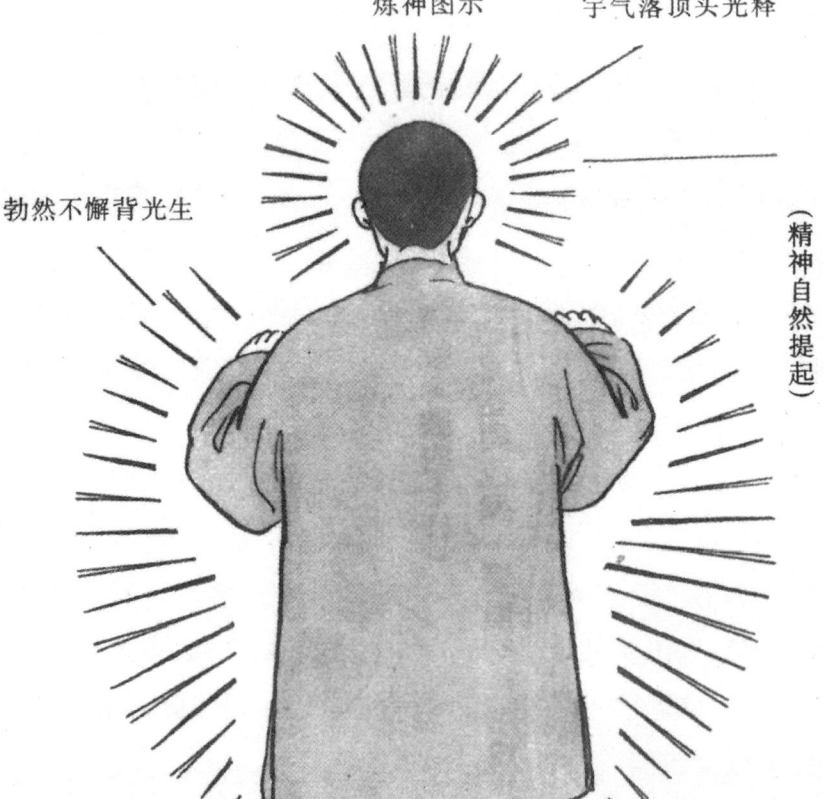

炼神图示　宇气落顶头光释

勃然不懈背光生

终点混沌时"一定"，神意气自然向头后集束为合为吸（精神自然提起）

变换时"一静"，神意气从背部自然分散为开为呼（勃然不懈）

附图四6

  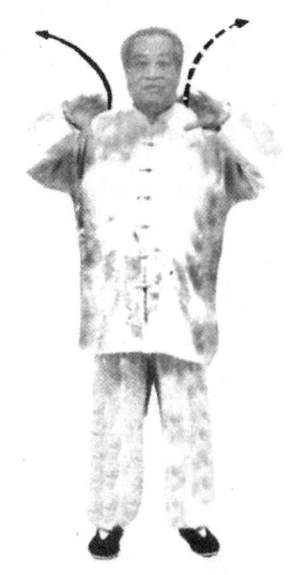

图四 10　　　　　　　图四 11　　　　　　　图四 12

8. 随着意念的变换，两手外旋至手心向上，缓缓拢回肩前，这一过程蕴含着神意气的起始、运行和终止三个环节。（图四 9、10）

9. 两手拢到肩前终止，随即内翻进入变换。（图四 11）

要点：变换在这里起着衔接前后姿势、贯通气势的枢纽作用。变换有两端，一端与上一式的终点相连，另一端则与下一式的起点相接，行拳意识在上一式的终点沉潜下来，又在下一式的起点复萌。阴阳的相互孕生和转换都包含和渗透在变换之中。变换之后内气催动姿势再度运行。

10. 心中"一定"，精神提起而致悬顶，二目炯炯有神，神气在头部四周与宇宙之气相融，遂现出神采奕奕的神态；在内气圆散下落的同时，意想两手变得很长，自头后上方如同擦着天际侧旋至身前远方的地平线上。（图四 12～15）

此为"二目炯炯乾坤转，时机奥妙现神通"的着落处。

要点：炼神之功重在神与意合、意与气合。运行时要以神为帅、心为令、气为旗，掌握好阴与阳的转换时机，神奇与奥妙会自然出现。

自图四 1～15 为第一次炼神功法的运行过程。再由图四 15 转接图四 5，周而复始共做三次炼神功法。

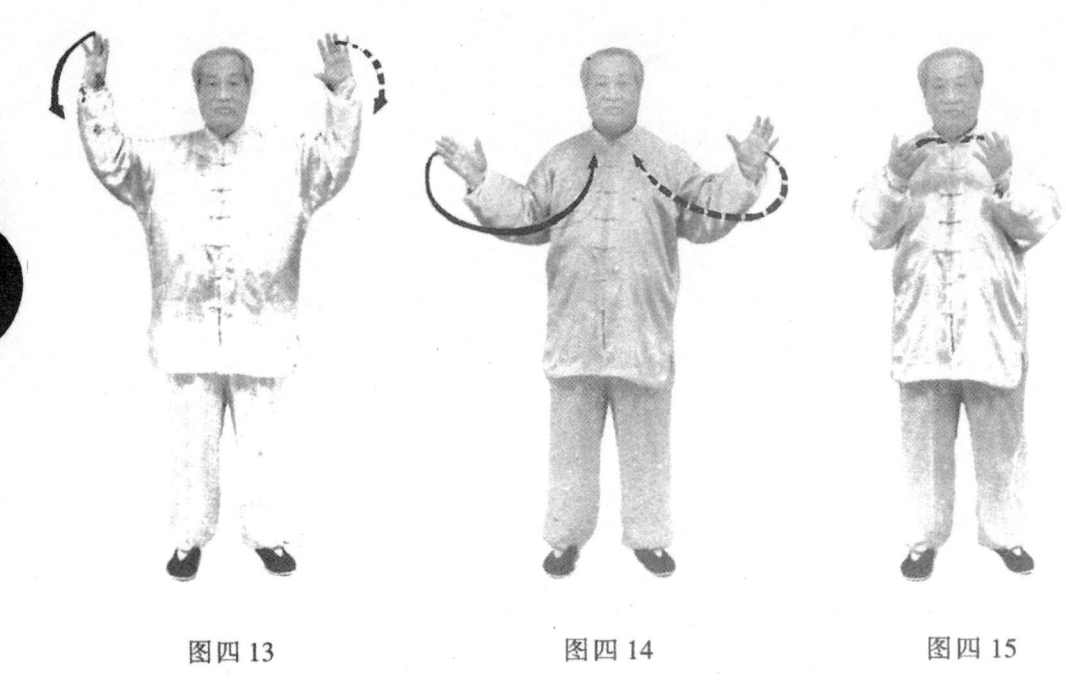

图四 13　　　　　　图四 14　　　　　　图四 15

炼神与养生：当炼神过程中自然出现不可思议的神奇现象时，切不可贪恋和深究，以免走入偏途。太极拳艺的神奇与奥妙是前人遗留下来探索不尽的大课题。人体潜在的神奇功能的开发与运用会完善地与拳架融会贯通，资助神意气之不足，使人更深刻地理解拳义、拳理。

通过炼神功法的研习，会使人进一步分辨平日盘拳之所感、所得的内功积累是假是真，进而练功才能知其然并知其所以然。譬如明确了胸前十字中心即前人注重修炼的"中丹田"之所在，那么在盘架子时就会有意识地做到所有的动作都从中心而发又收向中心，如此行功日久便会自然确立行拳须"运用在心"的主导地位。练习"头光释"的目的是引真气上行入脑，以充养"上丹田"；练习"背光生"目的是引真气下行入腹，以滋养"下丹田"；明白了什么是不呼不吸，才会知道惟有阴阳二气的自然交融才能使真元之气充盈饱满；只有做到眼神的出入纯任自然方能保护和滋养双目。

二、炼气功法

首先说明，这里所讲的气是人体内蕴藏的关乎盛衰、主乎生死的真元之气，与口鼻往来的呼吸之气无关。

(一)炼气歌诀

两臂落时身散空，无我无为入化境。正气沉降意气起，手擎内气两旁升。两手虔接承天露，丹球出现顶凌空。两手拢合丹入腹，浩然之气留正中。

(二)修炼方法

1. 两手内翻至手心朝下，意想浩然正气透胸下沉，边松沉边向四外松散，内气在纵松横散的循环中层层散开。意与气相连，意不能松，气就不会散，气不能散就不能通，内气通不出便无法与自然界之大气融合、交流，也就无法企及空灵无滞的境界。两臂随着浩然正气的下落而运行，不要有意地呼气、吸气，更不要憋气，而应毫不管呼吸。两手落至两胯旁时，浩然正气已沉至两脚的大趾肚旁入地，待进入化境后，时时处处犹如没有自身般全体透空(图四16、17)。此为"两臂落时身散空，无我无为入化境"的着落处。

2. 浩然正气沉入地下与地气交融后自然由足下生发，沿身两侧向上升腾，柔和地催促两手擎托内气翩然环举，身体有随之升腾的轻松惬意感(图四18、19)。此为"手擎内气两旁升"的着落处。

3. 两手升至齐肩，胸部十字中心"一定"，似有点滴雾露降至掌心，心存一片虔诚之意去接纳它并与之相融。此刻在头顶前上方自然现出一淡桔黄色的气团，双手拢向头前欲抱气团，不待手至，气团便自行斜下入腹而贯通周身，呈现出浑圆饱满的磅礴气势（图四20～22)。此为"两手虔接承天露，丹球出现顶凌空，两手拢合丹入腹"的意境体现。

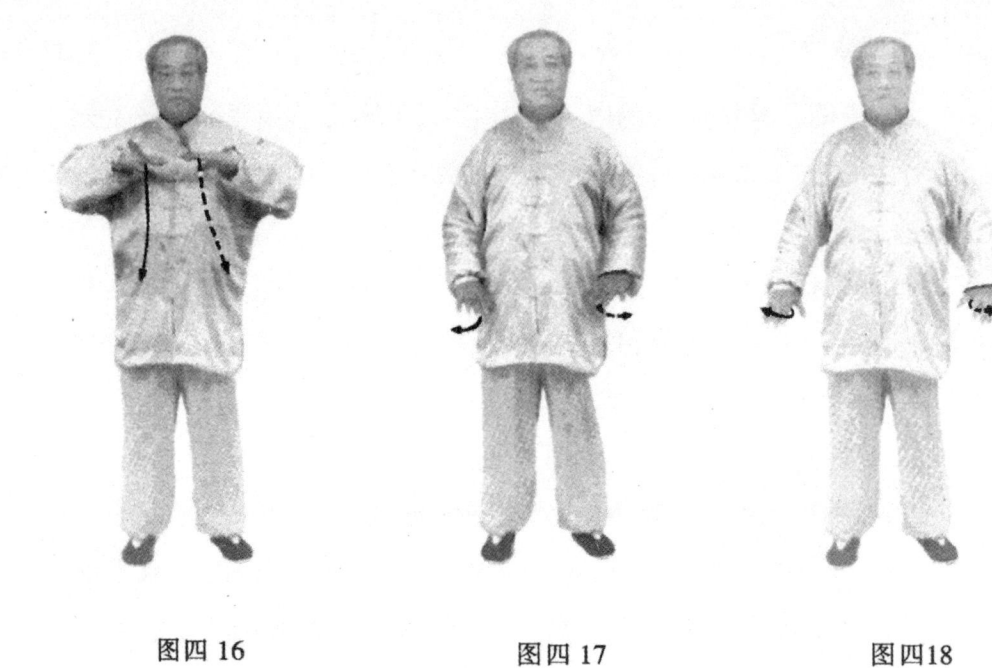

图四 16　　　　图四 17　　　　图四18

图四 19　　　　图四 20　　　　图四 21

 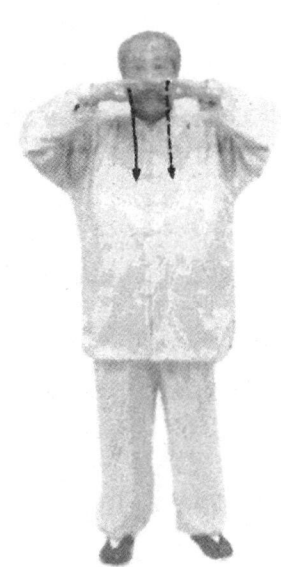 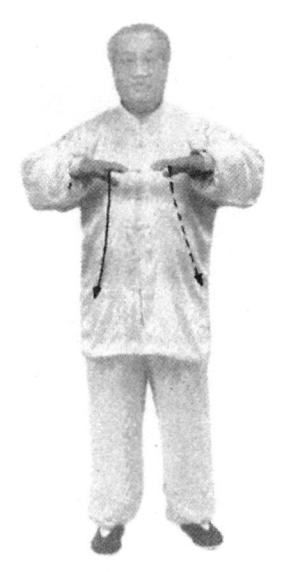

图四 22　　　　　　　图四 23　　　　　　　图四 24

4. 浩然正气从上丹田穿经中丹田、下丹田落至两脚大趾肚旁入地。与此同时，浩然正气缕缕不绝地向身中返升，身体渐感充盈、舒适。要将内气贯通的充实感受有意识地存留在体内和心中（图四 23、24）。此为"浩然之气留正中"的所在。

自图四 16～24 为第一次炼气功法的运行过程，以下参照图四 24 接图四 17，周而复始，共做三次炼气功法。

炼气与养生：文中所讲的正气、内气，前人称之为真气、元气。至今科学尚未证明这种蕴藏在人体中的内气之实质。

在探索炼气功法之奥秘时，不要片面地追求内气充足，亦不必用意识调控阴阳之气的增减，以免步入歧途。功中所炼之气是自然平衡的，靠人的思维是捕捉不到的。日久功深后，人们才会领略到内气在内功理法的运用和劲法的运化上所具有的超常的威力。

在养生方面，以气润身可令周身血脉通畅无滞，从而促进血液循环正常，无微不至地滋养周身。

三、炼意功法

意在行拳中担当着令行禁止的重要角色。故而前人有"凡此皆是意"和"重意不重形"之说。而拳论中"有意却无意,无意出真意"的精辟见解,又辩证地阐明了行拳用意不可偏重的要领。

准确恰当地把握用意的规矩和尺度来盘拳和行功,就能打破和超越以形体动作为主的常规练法之樊篱而拓展出一片悠游自在、无拘无束的行功胜境来。

行炼意之功的要点在于以意引领内气来催动姿势,但又不可用意过度而令人神情发呆、动作发痴。意气应在恬澹无求中徐徐运行,心境自然趋于平和、安祥。

意的策源地在胸部十字中心处(即中丹田)。行炼意之功,是有意识地将意与形分为一阴一阳、而又使之相合于一环之中进行交替更迭的转换与衔接。在如此简单的动作中,便于体会意领着形走(即"意在先")的动作顺序、运行方法以及由此而衍生的意趣和韵味。而一旦意与形的先后顺序倒置(即形动在先)时,意的作用和功效便立即由显转晦,学者应引以为戒。

(一)炼意歌诀

身空背融内气生,双手意沿山字行。山字两边领手出,中间一竖合身中。循环不止阴阳转,开合相寓意分明。

(二)修炼方法

1. 当行炼气功法至终止时,双手按落在胯旁,随即心中"一定",心中、身中无一物挂累,浑然不觉。背部融融气感油然而生,并在不觉中自然贴向背后,其状似庙宇供奉的佛像背部光环相仿笼罩全身,并由此孕育出阴阳转换的契机。继而内气升腾,促使两手由胯前合掤向两肩前(图四 25、26)。此为"身空背融内气生"的着落处。

2. 以意领肩前之内气向两肩之中心点汇集、透达背后再转向两侧分流,再环绕于两肩前合为一处。意气的流动犹如沿横置的山字潜转回旋,惟山字之横在背后呈圆弧形状。两手依着意气的走向,先内旋合向胸前,再沿肩两侧向前环绕至肩前(图四 27～29)。此为"双手意沿山字行"的着落处。

3. 当双手旋至肩前之际,意又领内气集向两肩中心并由此透达背后,转沿双肩两侧向前旋绕;两手跟随意气的流动而外旋合至胸前(图四 30)。此为"山字

图四 25

图四 26

图四 27

图四 28

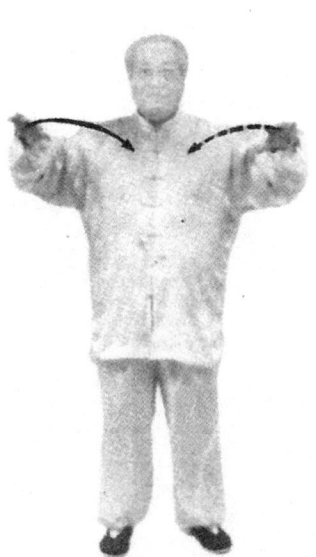
图四 29

图四 30

图四 31　　　　　　图四 32　　　　　　图四 33

图四 34

两边领手出，中间一竖合身中"的体现。

要点：意气先行，引领两手围绕身体圆转运行，如同反复描摩一个山字。要切实体现意气在肩前汇合之际，即是双手在胸前即将向两侧分开之时；而双手在肩前欲合时，即是意气在背后欲分之际。由此而小中见大，解悟"阴阳互为其根"之奥妙。此为"循环不止阴阳转，开合相寓意分明"之所在。

自图四 27～30 为第一次以意气领手形在两肩周围依山字运行，再参照图四 27～30 重复做两次。

4. 以意领两手内旋，随浩然正气下降而落于两胯旁（图四 31）。心中"一定"，以意领胯前内气向两胯中心汇集并透达胯后，复沿胯两侧环绕至胯前合为一处，意气的流动犹如沿着横置的山字回旋运行；两手依着意气的走向沿胯两侧向后向外环绕。（图四 32～34）。

图四 35　　　　　图四 36　　　　　图四 37

5. 意领内气向两胯中心汇集并透达胯后，再沿胯两侧向前环绕；两手又随着意气的走向拢向两胯前。（图四 35）

自图四 32～35 为第一次以意气领手形沿两胯的山字运行，再参照图四 32～35 重复做两次。

6. 浩然正气上升，以意领两手外旋，内气促使双手掤向腹前。（图四 36～38）

7. 心中"一定"，以意领腰前的内气向腰部中心汇集，再透向腰后，转而分沿腰两侧环绕至腰前，意气的流动犹如沿山字回旋运行；两手内旋，依着意气的走向，由腹前向腰两侧环绕。（图四 39、40）

8. 意领内气集向腰部中心，再透达腰后。两手依意气的走向拢于腰前（图四 41）。自图四 38 至 41 为第一次以意气领手在腰周围依山字运行一周，再参照图四 38～41 重复做两次。

图四 38

图四 39

图四 40

图四 41

图四 42　　　　　　　图四 43　　　　　　　图四 44

收功

1. 内气下沉，意想钟锤落至两小腿间，两手内旋，落于两胯侧前方。（图四 42～44）

2. 意想两手下伸，将悬垂在两小腿间的钟锤捞起，托至胸中十字中心处，内气随之升腾，促使两手外旋向胯前拢合，掌心向上。颈椎后侧犹如降下百叶窗般逐层垂落，此意贴背下行至两踝中间，意想身中垂直线存留在身中与两腿间；两手随之外旋落向两胯旁（图四 45～47）。收功之后周身有气势圆满、舒适惬意之感。炼意功法与养生：通过研习炼意之功，就会明白太极拳艺的融通并非靠大脑强记，而要以"心知"来求达内功的自如运行，故练拳十分讲究"运用在心"和"发于中"。

心静往往求之而不得，若掌握了胸中十字中心的运用方法，就容易做到心静。心静之后才能真正领会心平气和的意境，进而求达阴阳平衡。

于养生方面，意气悠游自在地依圆旋绕，可引领周身进入恬澹虚无之意境。意之运用在心，其收益亦在心。心性可于淡泊宁静的行功中得以静养。并且在收功后的较长一段时间里，全身还会持续不断地由内而外地透发出阵阵快意，令人身心皆畅，遂收怡神养性之效。

图四 45

图四 46

图四 47

行功释疑：

太极功法内涵深邃，意韵深长。行功时的真情实境难以用笔墨形容。尤其至功深之后，其境界更难以演示和描述。但此功既不神秘玄虚，也并非高不可攀。只要循着静思凝神、纯任自然、徐徐运行、意在形先的途径探索、揣摩，不断积累，日益深入，就会品味到蕴藏于功法中的奥妙与功效。

第五章 内功劲法

第一节　内功劲法说明

　　内功劲法以先师多年讲授的劲法内容为依据，按照功夫进展顺序分为三个阶段编写并逐一配图说明，以便于读者理解。内功劲法凝聚了前人多年的心血和智慧，是深层探索揉手技艺经验的总结，并非以形体动作所演示的定招、定势和以力敌相抗衡的末技。

　　揉手时内功劲法的运用应表现出招中之术、术中之招及五阴五阳的劲法和手法。要将前文所介绍的理法和拳架中的神、意、气的走向与手法相融合，进而在习练中相互检验，以求正确地培养和运用揉手内功。

　　不要认为内功劲法只限于运用神、意、气发人，而不知其在养生方面还能起到双方运用神、意、气相互渗透、相互深层按摩、滋养内脏的作用。揉手中，将内劲侵渗到对方体内，使得对方弹跳而出时，双方都会感到异常奇妙地舒适与畅快。

　　揉手主张平和、从容的发挥神、意、气的巧妙变化，在屈己从人的前提下以静制动、避免冲撞，故而对人的内脏和肢体不会产生任何损伤。相反，不断地调动和培养神、意、气，能有效地预防和治疗中老年人的各种疾患，因而在养生方面也具有明显而独到的作用。

　　本章首先介绍的是人体各部位点与线的位置与相关内劲的运用方法，共 27 种。继而介绍侧平劲、螺旋劲共 18 种，最后介绍轻劲 6 种、大气球用法 3 种，共 54 种。绘图 85 幅。

　　其中，轻劲、大气球用法与九曲珠劲法是先师晚年讲授的几种劲法要诀，属于高层次的"点中求"之揉手技艺，系自杨公健侯处秘传而得。另外还有一部分是先师青少年时期，从师伯少侯公的发劲中感受和领悟到的。现将前人探索总结的揉手劲法秘要提供学者参照研习，愿与大家一同探讨、求索太极揉手之真谛。

图五 1

第二节 内功劲法的运用

一、点的运用

以悬挂的古钟为例（图五1）。钟体中心有一条垂直线，线下端系一钟锤。内功练到较高境界时，钟锤可以旋转和上纵、下伸。

若以古钟比喻人体，钟口即是三道气圈中之胯气圈，钟蒂为肩气圈，中间为腰气圈。

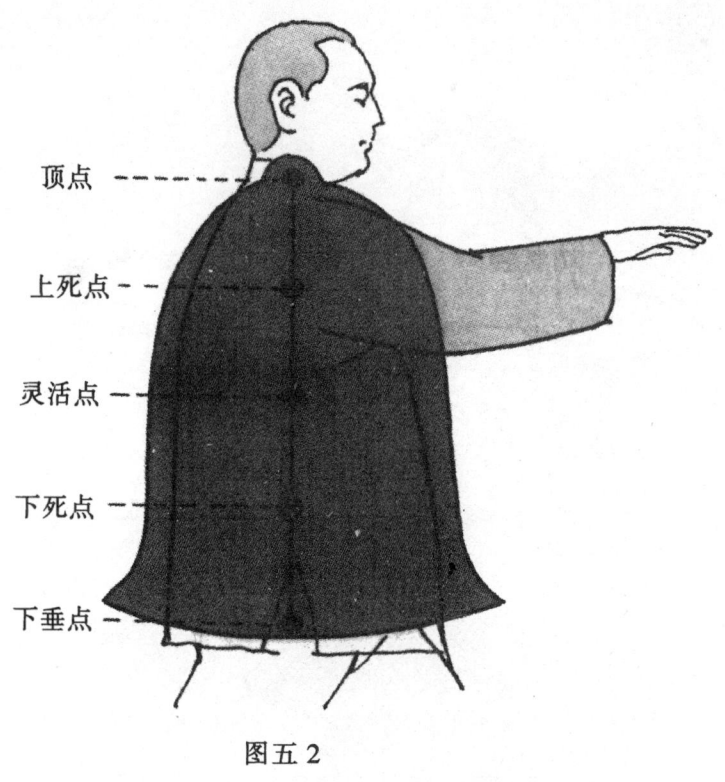

图五 2

把古钟的垂直线均分成四段,即形成五个点。(图五 2)

(一)顶点:位于人的咽喉,乃点穴之门,故又称为绝命点。因它不易动转,是权衡身体变动的准星。

(二)上死点:因受顶点的牵连而活动范围很小,此处受力后不易化解,故称死点。

(三)灵活点:相当于人的心口处,是人身旋转最灵活、最难控制的一处。揉手时要由此点探出反应再击死点。

(四)下死点:受钟锤垂坠的影响而活动范围不大,内劲向此点击发易于奏效。

(五)下垂点:位于垂直线最下端,是钟锤所在处。此点在人的两胯之中,它一动便影响全身,所以通常把它作为稳固下盘之用。

以上各点平均分布在一条垂直线上,相互间都有连带关系。例如上死点和下死点的中间是灵活点,因此这两个死点都含有一半的灵活性,一旦被击,都会受到灵活点的影响而变灵活。当对方的上死点转变灵活时,其顶点就必然僵滞,此时须向其顶点击之。

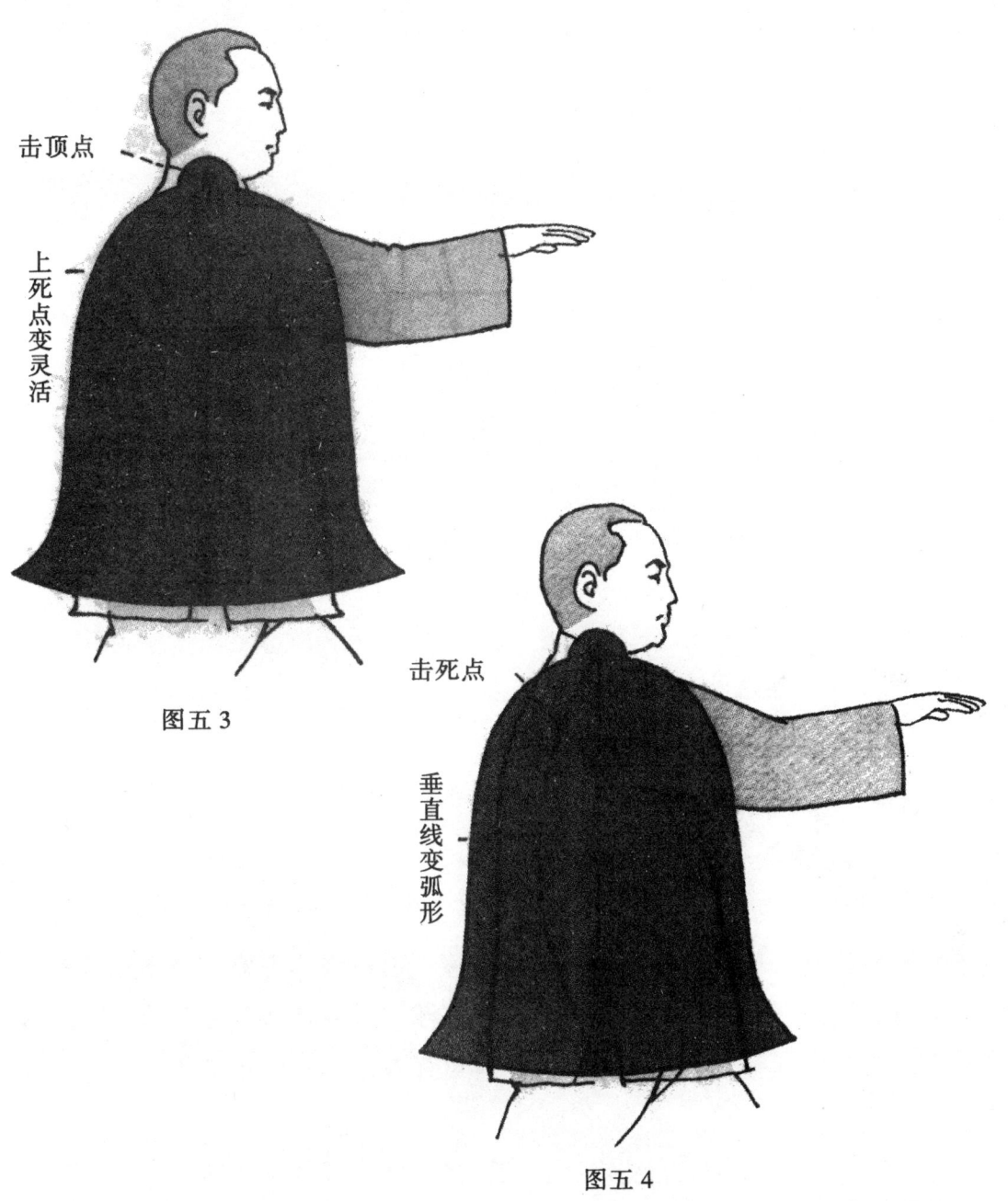

图五 3

图五 4

由于各点均在一条垂直线上，当某个点受击时必然牵扯到其上下两个点。如击上死点时，对方会在顶点至灵活点一段形成弧线，其上死点必然移向弧线的最弯处（图五 3）。此时要用弹簧劲引直弧线，再照其顶点击之。

若遇对方的垂直线变成弧形并呈松软状（图五 4）时，不可轻易击死点。应先击其垂直线的任何一处，使对方的神、意、气集中于被击处，其弯曲的垂直线自然变垂直，这时，立即朝死点击之。

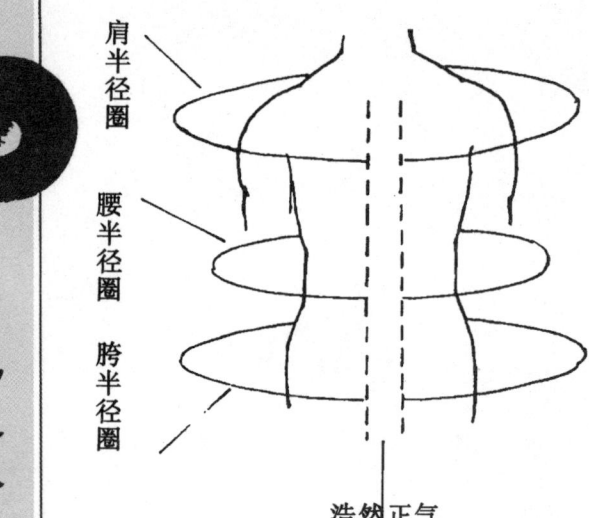 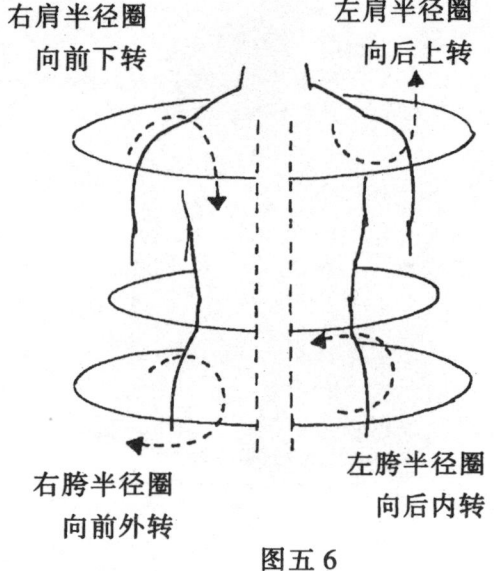

图五 5　　　　　　　　　　　　图五 6

二、六断架子

先师讲太极拳的技击架子属"坤六断"，又称"六断架子"。"坤六断"的技击架子是从"乾三连"养生架子中衍生而来。通过盘养生架子培养元气使之渐充，浩然正气便可由会阴周围升腾至百会周围，将胯、腰、肩三道气圈由中线向左右分隔，形成六个半径圈。揉手时可任意运用这六个半径圈去迎击对方。（图五 5）

浩然正气粗大，促使右肩之半径圈向前下转便能发出按内劲。左肩的半径圈由肩后向上转便可发出掤内劲。浩然正气平向前移便可发出挤内劲。

又如，以浩然正气促使右胯之半径圈向前外转便发出开劲。左胯之半径圈向后内转即又形成合劲。俟运用纯熟时，可使六个半径圈任意地朝各个方向旋转发出不同作用的内劲来催发对方。（图五 6）

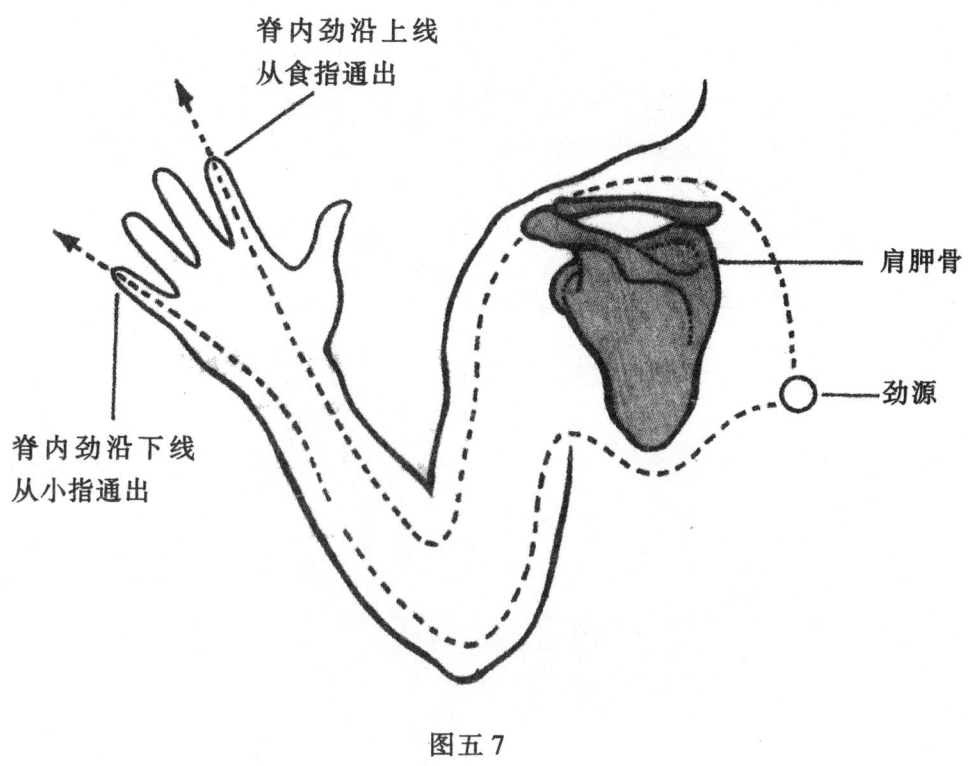

图五 7

三、上线与下线

当与对方接手即将发劲时,要将脊内劲上提至背部"劲源"处。内劲围绕着肩胛骨的上缘,经上臂、前臂至食指通出,此为"上线";如内劲由劲源沿着肩胛骨的下缘,经上臂、前臂至小指通出,则为"下线"。

如果内劲沿上线未得机势通出时,立即改走下线,必能通出脊内劲。

无论脊内劲是沿上线还是沿下线通出时,都要带着接触点指向对方中心。(图五 7)

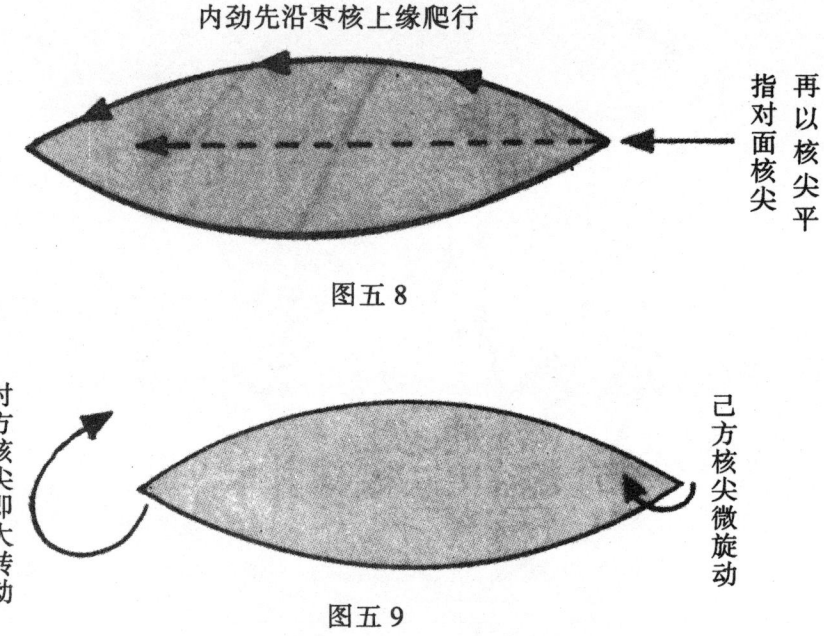

图五 8

图五 9

四、各种内功劲的走法

(一)枣核劲、杏核劲

接手时,以手心贴扶对方手背,意想在彼此中间横置一大枣核(也可想像为一大橄榄核)。内劲由劲源直达中指根,并由身前的枣核尖上爬绕过枣核肚,向对面的枣核尖延伸;同时亦从自己身前的枣核尖发劲,平直地通向对面的枣核尖。沿枣核上缘弧形运行的内劲和贯穿枣核中心的平行内劲要同时到达对面的枣核尖。再用枣核尖之劲指向对方的劲根处(图五 8)。如果沿枣核上缘发劲未能奏效,立即改走枣核下缘,仍要配合贯穿枣核中心的平行劲才能发出对方。

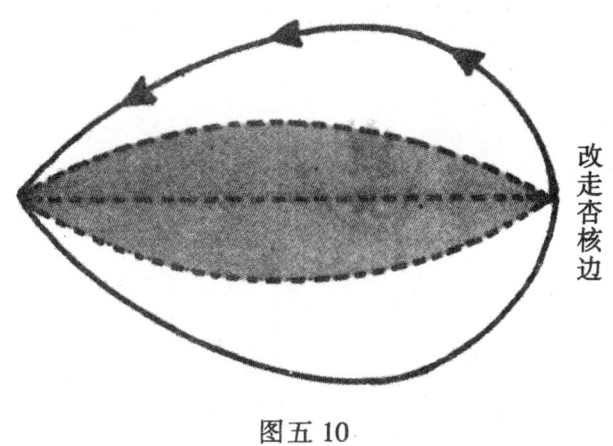

图五 10

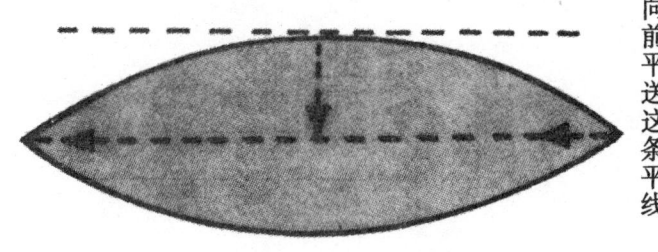

图五 11

如果对方以拙力反抗，要立即微旋枣核，再按上述方法，使枣核旋转着发向对方中心。（图五 9）

若沿枣核之边发劲未能控制对方，立即改为意想走弧形较大的杏核边，使内劲走向加大弧度发出对方。（图五 10）

也可在与对方接手时，己手就贴在意想的枣核肚上，内劲向下**渗透**到枣核中心的平线上，再向前平送这条平线，就能将对方掷出。（图五 11）

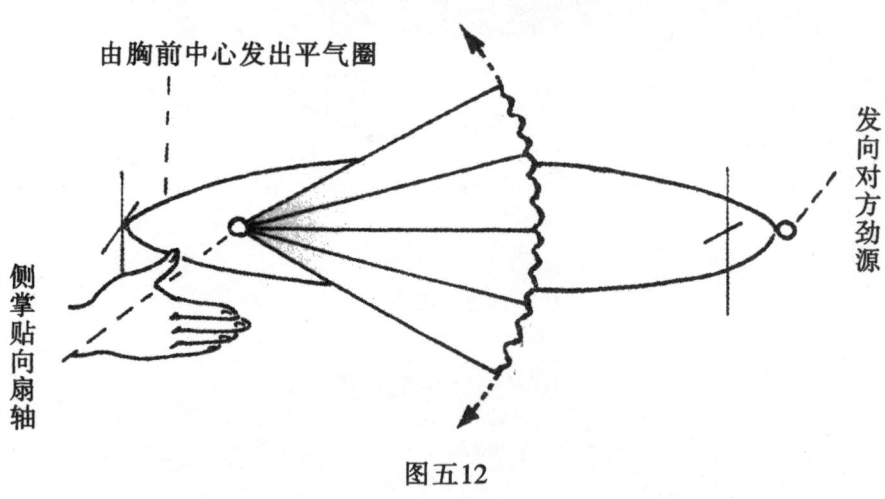

图五12

（二）扇面内劲

与对方一接手，就要用掌根接对方的劲点。如果是以侧掌接对方拳的劲点，则意想以掌根贴在一把竖直打开的折扇之扇轴（即对方之劲点）上，掌根要逾越至劲点之前，还要带着对方的劲点；五指放松伸展，好比是扇子上起撑开作用的小竹骨。弥漫在指间、通达于手外的内气，好比是纸质折扇的扇面。扇面随着手的动作可以上下、左右移动。但绝不能用扇子骨（即手指）去戳杵对方。内劲由中指根通出与扇面配合，与由自身胸前中心发出的平气圈一起发向对方背后之劲源。发劲时一旦与对方来力相顶，就要向上下或向左右移动扇面，使之错开顶力，催发出对方。（图五12）

如以平掌接对方来拳之劲点，就意想掌根贴到平行打开的折扇轴（即平扇面）上，其他动作皆同上，惟走平扇面劲时，要配合由自身背部劲源发出的立气圈一起发向对方胸前的死点，将对方催出。（图五13）

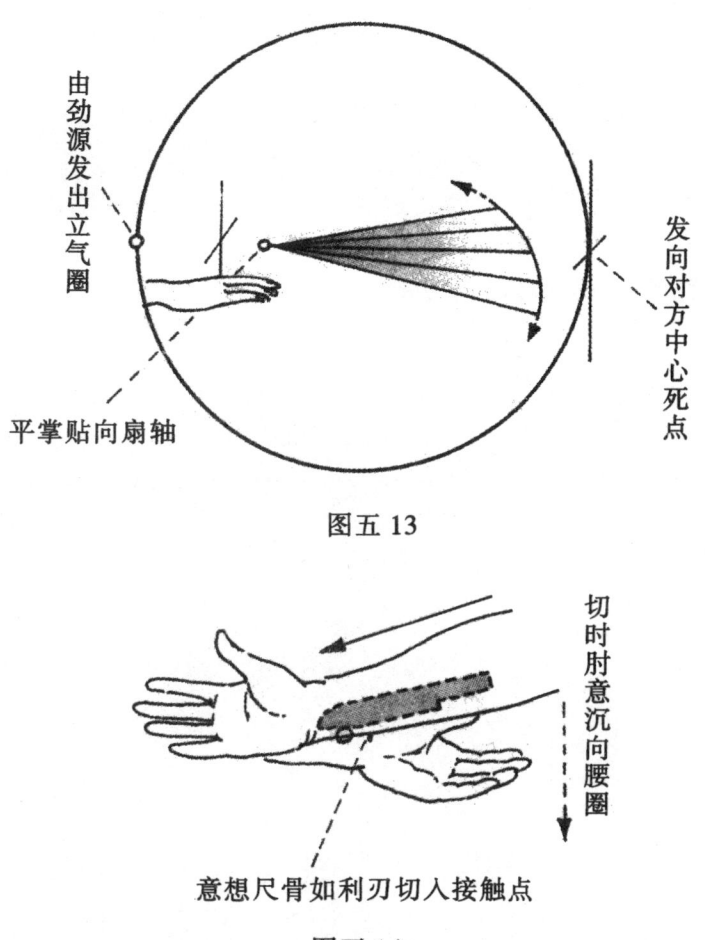

图五 13

图五 14

如双手与对方相搭,就要走大扇面劲。大扇面的走法是,自己的两臂(即为扇面两侧的边骨)与对方相搭后,既不能丢,也不能杵,要沾着对方,再用意想的大扇面边缘(即平气圈)配合由自身背部劲源发出的立气圈,一起冲碰对方的中心死点。这种碰发劲要具备较高水准的内功后才能正确地运用。

(三)刀劲

揉手时以前臂接触对方,手要伸直,腕部要松,才能通出内劲。意想前臂之尺骨犹如一把利刃,向下切入接触点。向前切要配合以按挤内劲切进接触点。切时不能使接触点移动。下切时,肘意要向腰圈上沉坠而发放对方。(图五 14)

当向前切未奏效时,立即转为向后割,要仍向原接触点深处割,向后割要配合以捋采内劲,肘要有掤意,刀切入得越快、越巧妙,也就越不易引起对方的防范与抵抗,才能利落地将对方发出。

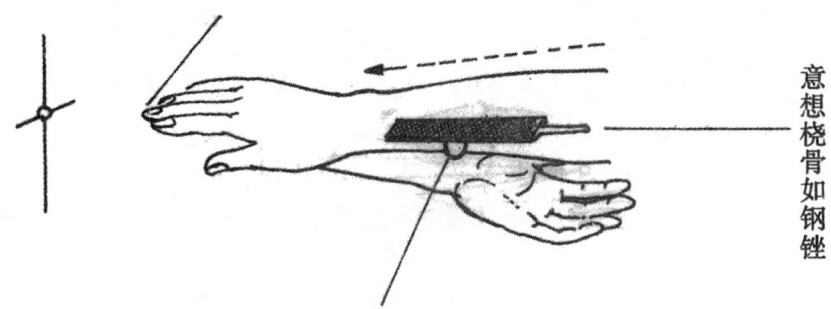

图五 15

(四)锉劲

当用刀劲未能奏效时,前臂立即内旋,意想前臂之桡骨犹如一柄钢锉,就像用锉加工物件一样径向接触点锉去(图五15)。无论前锉、后锉都不可使接触点滚动。发锉劲时,前臂要平而直,向前向后锉动都应伴随着身中垂直线的前后移动。向前锉时要配合以按挤内劲,以手指领向对方中心而将其发出。

当向前锉未能得机得势时,便立即改向后锉。后锉要配合采捋内劲,以肘端领出对方中心,将对方发出。

(五)锯劲

锯劲与锉劲应相互配合使用。当锉劲未能奏效时,前臂立即外旋,意想前臂尺骨犹如一把锯,直接锯向接触点。(图五16)

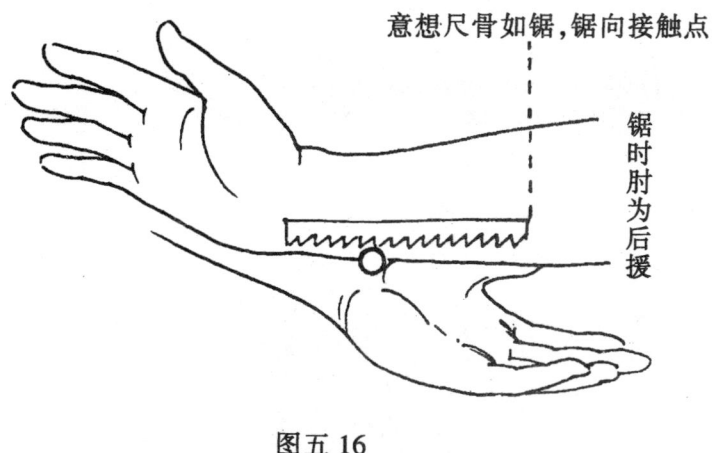

图五 16

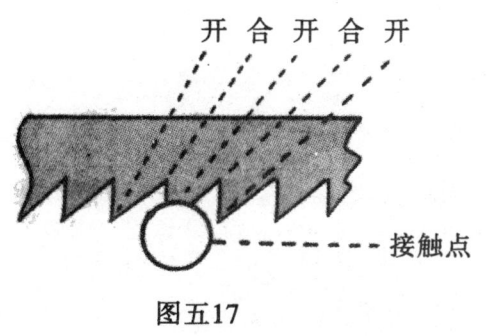

图五17

使用锯劲时,要以肘为后援力,腰圈要圆散地摊开与肘虚接。向前锯时要配合以按挤内劲,手要伸直,腕部要松,一个锯齿、一个锯齿地往前锯,内劲在锯动之间自然呈现出一开一合、一动一静的变化,而又使开与合、动与静自然而然地融为一体(图五17)。向前锯不得超过三个锯齿,便立即改向后锯,向后锯时要配合采捋内劲方能奏效。

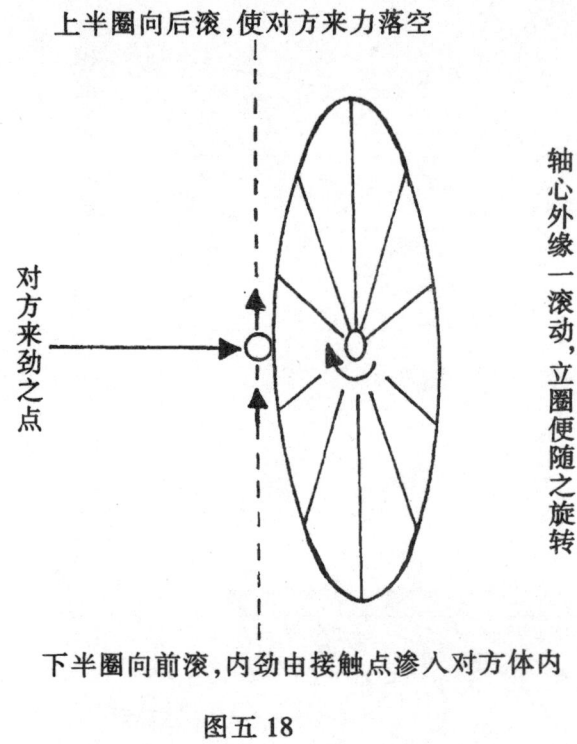

图五 18

（六）滚劲

以前臂在接触之处沿立圈轨迹滚动时，意想接触点就是立圈的轴心。轴心的外缘一滚动，立圈自然就随着旋转，要根据与对方接触的方式和其反应方向而选择向上、向下或向侧前、侧后的滚动。

运用滚劲时，其窍要在于：一有"滚动"，就要有"移动"相伴随。

如果要使立圈自前向上滚动（图五18），就用立圈的上半部将对方加在接触点上的力向上、向后滚转化解而使之落空；同时，立圈的下半部边向前上滚转边移动，而将自身的内劲渗入对方体内。

运用滚劲的关键在于内外相合，将渗透之意融于滚动之形中才能奏效。

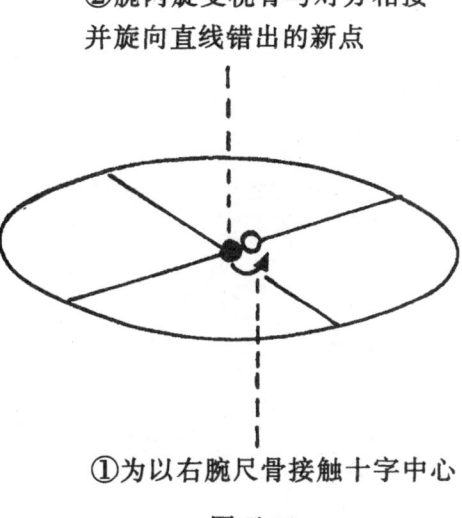
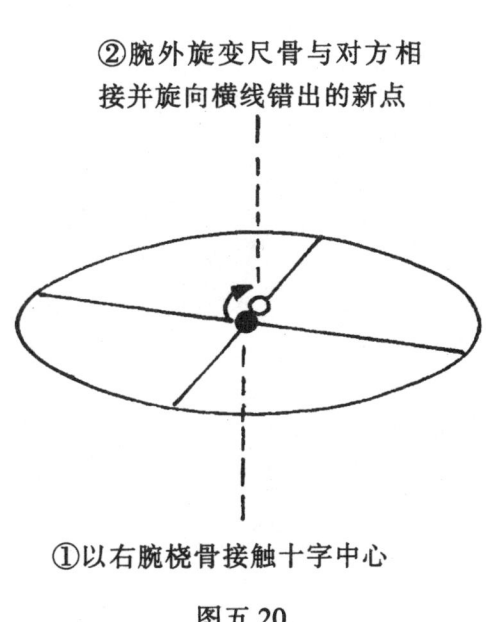

图五 19　　　　　　　　　　图五 20

(七)错劲

接手后即意想在彼此胸腹之间形成一个平圈，平圈的十字中心就在接触点上。要避开对方来力，就要使十字中心向前、向后、或向左、向右错位。譬如以右腕尺骨与对方来力相接时，右腕内旋，向十字直线的右方错开十字中心点，变成以桡骨与对方来力接触，随即用桡骨向中心前方催出十字之横线，配合采挒内劲发放对方（图五 19）。如果当时是以右腕桡骨相接，则右腕外旋，向十字之横线的左方错开十字中心点，变成以尺骨接触，随即用尺骨沿十字之直线朝对方胸部催去，并配合按挤内劲发放对方。（图五 20）

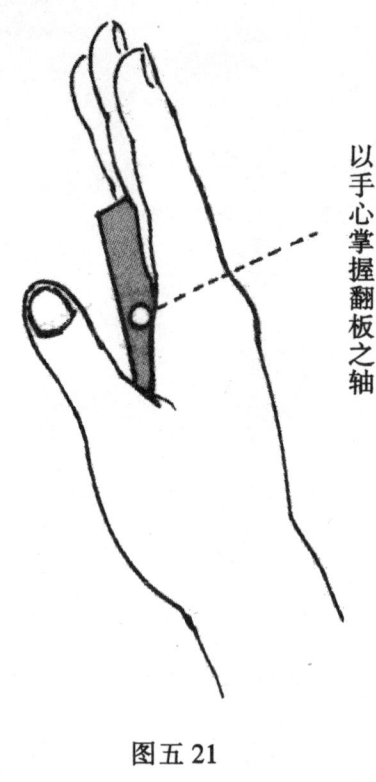

图五 21

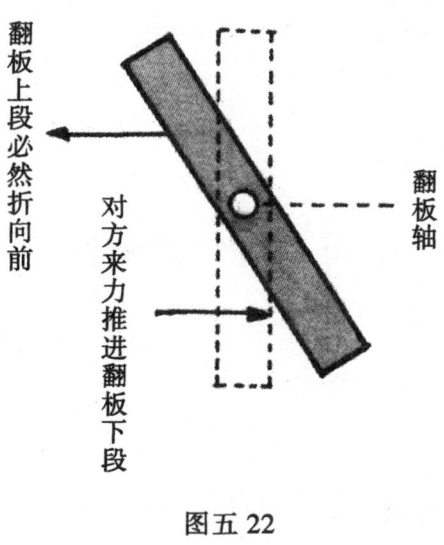

图五 22

（八）折劲

与对方接手时，意想在与对方相接的前臂或手心中控制着翻板的中轴，翻板可随意向上下翻转或向内外折动，对方一触即翻。（图五 21）

与对方一接触，若其来力在翻板中轴之下方（图五 22）时，翻板下部必被来力推回，对方来力自会落空，而翻板上部必然向前下方折进，我之内劲自然渗入对方的接触点。这样对方来力越大，还回之力越猛。由此做到力从人借，用开合相间的折劲发放对方。

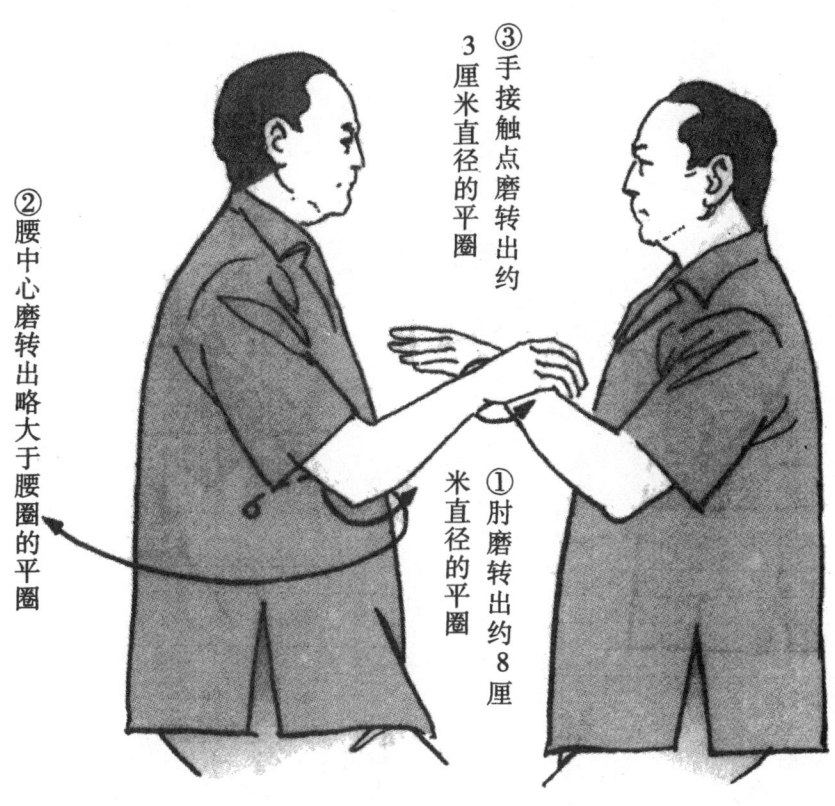

图五 23

（九）磨劲

揉手时，有意用尺骨侧与对方前臂相接。然后以右肘端沿逆时针的平圈轨迹磨转，催动梢节之手如同磨墨一般旋绕，带动腕部在保持与对方相接的状态下随之而磨转。在肘端磨转的同时，腰部中心相应地与之配合沿顺时针轨迹磨转。如此肘、腕、腰协调连贯地研磨成大小不等的三个圆圈(图五 23)。圆圈的大小要根据对方来力的大小而定，对方力大则圈大，对方力小则圈小。

肘、腕沿逆时针轨迹由外向里磨转时，犹如漩涡向身内旋卷，此时腰间要有蓄纳之意，与肘、腕形成相向相合之势，使对方来力卷入漩涡中。随后，心中一静，腰与肘、腕即转朝相反的方向磨转，此时要有将对方抛远之意，使其被甩出。

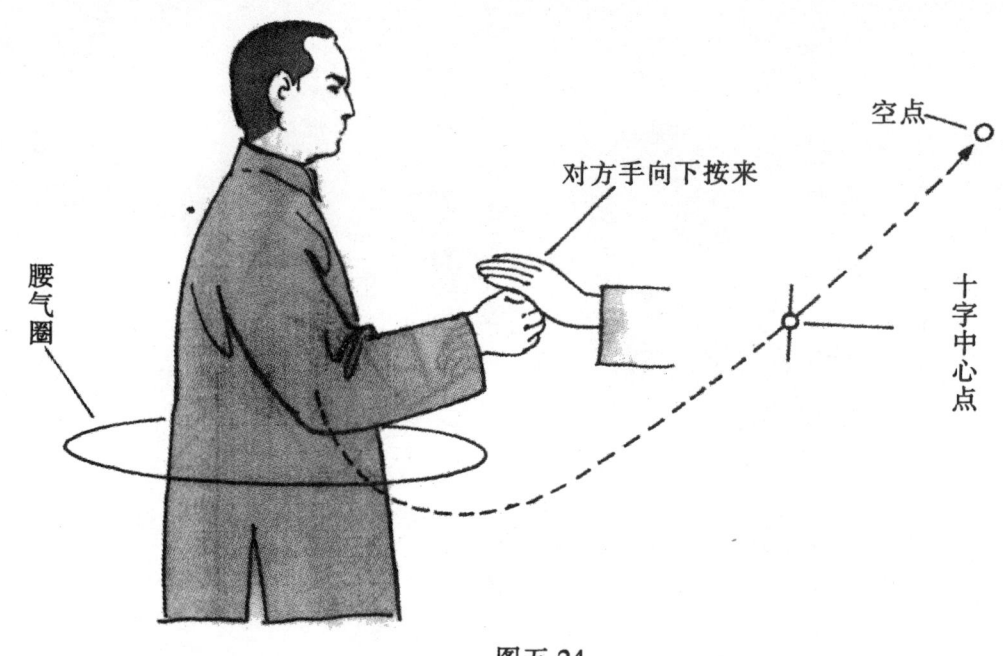

图五 24

(十) 肘内劲

肘内劲之一

当我手位于腰圈上方，对方自上向下按来时，要以拳擎粘着对方的按劲，眼神注视对方肩后上方之"空点"，随即由肘端向下通出肘内劲，肘内劲经下向前旋绕，擦着对方十字中心并带着对方的中心点斜穿向"空点"。随即意一定，以肘擎起来劲，对方即被发出。（图五 24）

对方若从下向上掤，只要我拳仍在腰圈之上时，皆可用上述方法发放对方。

肘内劲之二

当手位于腰圈之下，对方自上向下踏按时，仍要以拳擎粘对方的踏按劲，但眼神要注视对方臀后下方的"空点"，随即由肘窝向上通出肘内劲，肘内劲向上、向前旋绕，擦着对方十字中心并带着中心点斜穿向其臀后的"空点"。随即意"一定"，以肘擎起来劲，对方即被发出。（图五 25）

对方若自下方向我挤来，只要我拳仍在腰圈以下，皆可用上述方法，以拳擎粘对方的挤劲而发放对方。

又如，在腰圈的右侧与对方接手时，要由肘内侧通出肘内劲，经对方身后向左平旋，绕着穿向对方的"空点"。

而在腰圈左侧与人接手时，发劲方向则与上述方向相反。

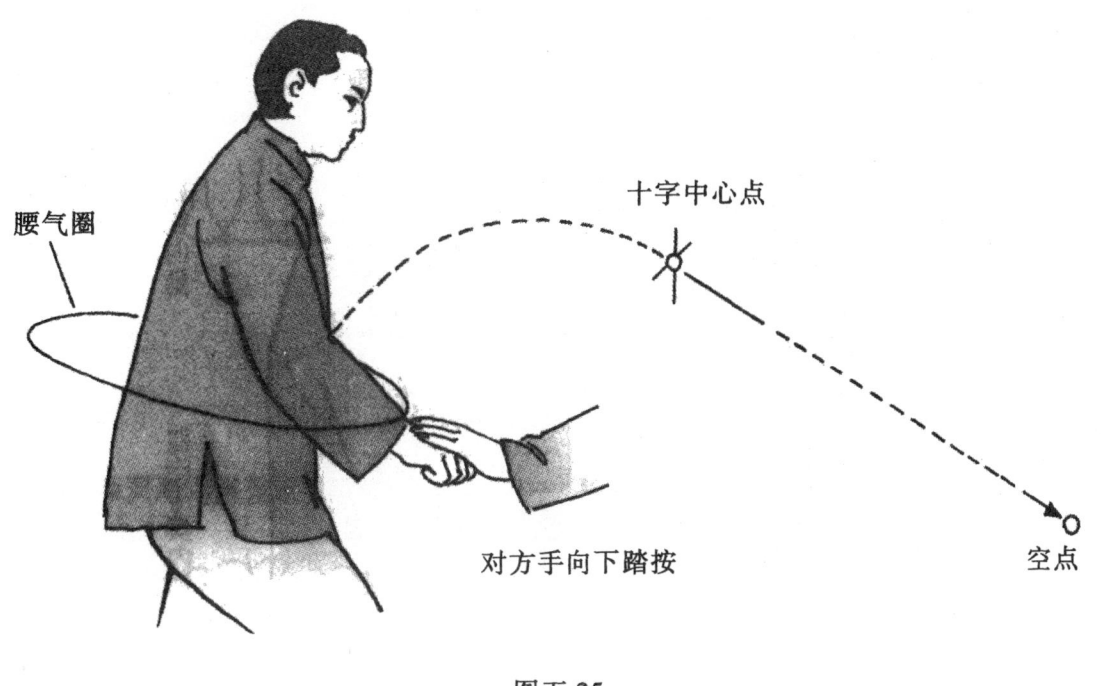

图五 25

(十一)脊内劲

脊部通出内劲才能将对方发得远,与对方欲搭手之际便使脊内劲沿腰株上行五六寸。

当搭上手后,脊内劲仍上行并分向两肩,流经两肘至双手。肩要变空并向前微倾,同时颈项要竖起,两肘微张,胸腹内含,上半身好似俯伏在一大圆球之上。发脊内劲时三关要长,将脊内劲由背后投向双手的接触点前二寸处;双手的内劲通出与之汇合,一起催向对方中心,而将对方发出。

(十二)腰形与腰内劲

揉手在按挤对方时,一般是用腰形混合腰劲一起攻击对方。正确地运用按挤劲,应该只运用腰内劲,而不能有腰之形,若有腰之形掺杂拙力,就会引起对方拼力反抗。用腰内劲催发,对方只感觉到被一股强大的气流裹胁牵动,而不知这股劲是从何处发出来的。

欲出手时就应将腰内劲放在手上,但绝不能往劲点上使内劲,要擦着劲点、还要带着劲点,将腰内劲领出发向对方。这样,对方不易察觉也就不会得机反抗。若真能做到把腰内劲放在手上,手的动作便既沉稳又灵活,一遇来力即可顺势变化,此时对方反抗也不会得逞。因此无需担心对方突袭。

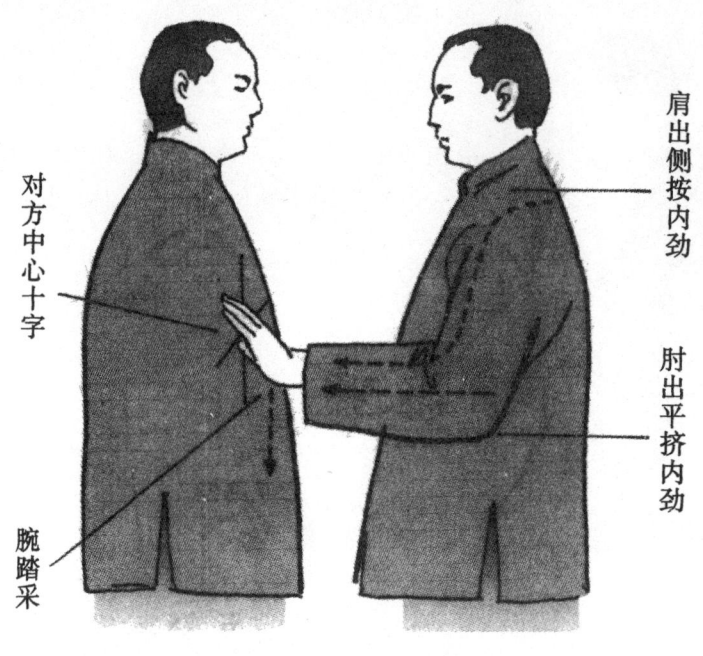

图五26

腰内劲也可以放在肩、肘、膝上去发放对方。如要将腰内劲收回时,只须身略内含,就能使腰内劲回归腰间。

(十三)混合内劲

将几种内劲混合之后去发放对方,能令其无法避开。混合内劲虽然是从手上通出,但绝不可用手表现劲力,因为手走两种以上的劲,就会改变原来的方向,也不能使内劲连贯地发出。手只是与对方相接触,应将内劲从手上领出去催发对方,绝不可用手推人,所以手应该既无形又无力。

与对方一接手,就要擎起对方;随后内劲才能由劲源沿上线经手通出侧按内劲,发向对方臀后;同时由肘端通出挤内劲,使手平粘在彼此接触点上,意想彼此相接处像两片玻璃平面相贴,将对方吸住。随即腕内劲便向下踏发。发踏劲时,按、挤内劲仍要继续通出,如此才能使这几种内劲混合在一起,将对方发出。(图五26)

(十四)找劲根

与对方接手时,周身要放松,将肩、腰、胯、膝松散出来的气圈都敷布在接触点上,自身有向接触点倾倒之意,引导内劲进入接触点,对方即被渗入之内劲所

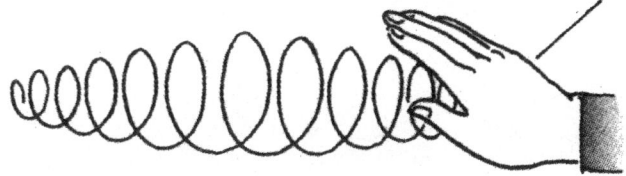

掌心将弹簧由接触点渗入对方体内

图五 27

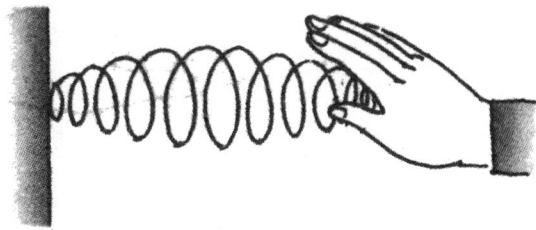

弹簧遇对方劲点被压缩

图五 28

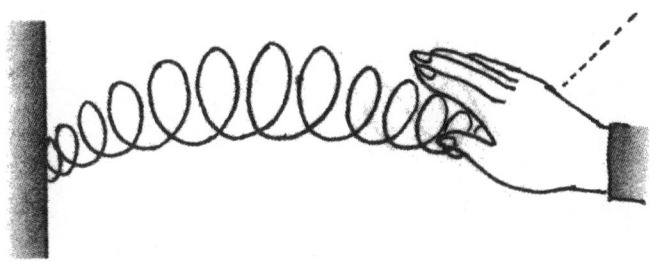

右手微右倾将弹簧劲放出一半

图五 29

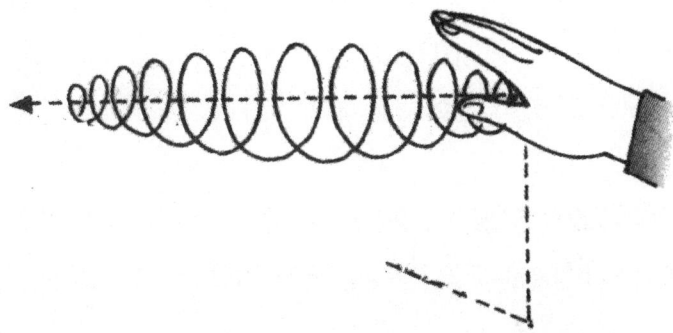

内劲的击发要贯通弹簧两端

图五 30

欺挤而暴露其劲根。我随即将松散的肩、腰、胯、膝气圈叠垒成一个大气球，以腰气圈支撑着大气球的前端并带着接触点去冲碰对方十字中心，将其发出。

（十五）压缩弹簧

与对方一接触，就应把其最突出的来力顶点听清，意想自己的掌心放出弹簧般的侵渗劲，透入对方体内（图五27）。对方即感不适，自然要变动其不适的体位而致露出劲点，把弹簧的顶端压缩（图五28）。随即手可向任何方向微倾斜，使被压缩的弹簧劲放出一半（图五29）。内劲立即由弹簧尾端的圆孔平直地穿向顶端，将对方击出。（图五30）

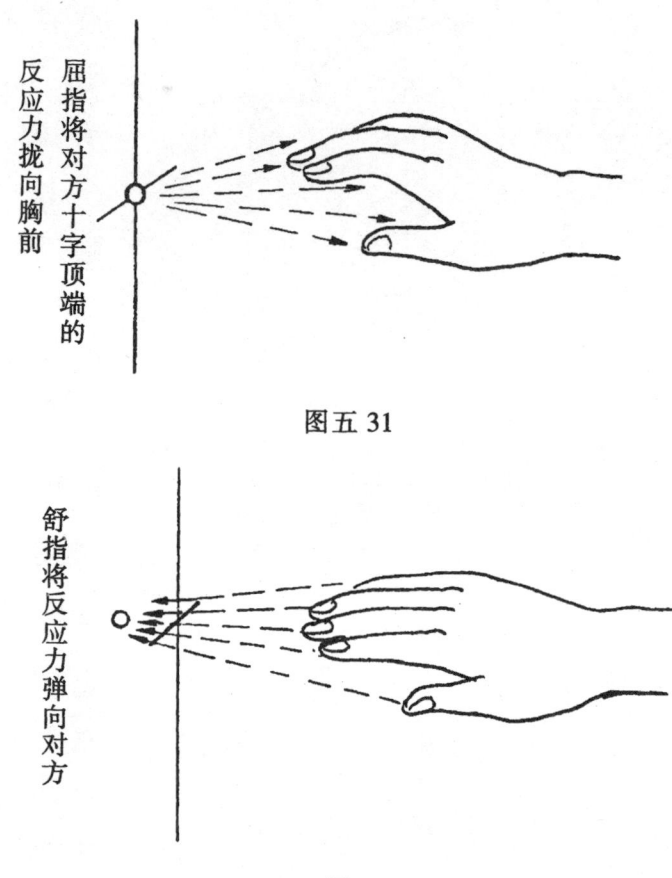

图五 31

图五 32

（十六）弹劲

以前臂与对方相接，手指指向对方胸前十字点，随即用侵渗内劲逼出对方的反应（此谓之"递肘腾手"）。继而顺着对方反应的方向将五指拢回，同时也把对方胸前十字点的反应力拢向自己胸前。（图五 31）

随即五指陡然弹伸，将拢回的反应力猝然射向对方十字后方的劲点。弹射之意在弹射手形之先发出，意要远。

发弹劲时，内劲要集中，弹射的面积要小，掌心要空虚，手指弹伸时要随着意想的钟锤前荡而发劲，绝不许以肘向前推送，否则弹劲便难以奏效。（图五 32）

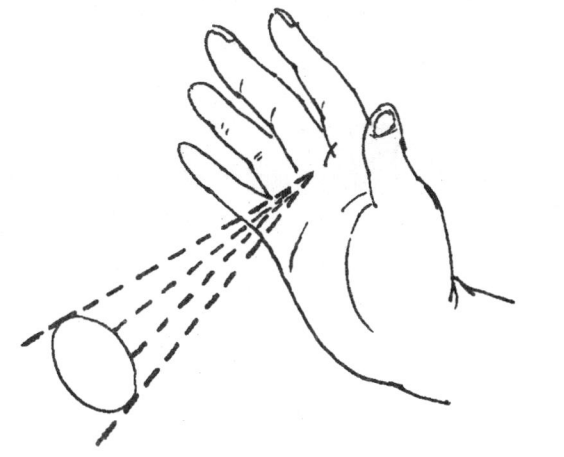

图五 33

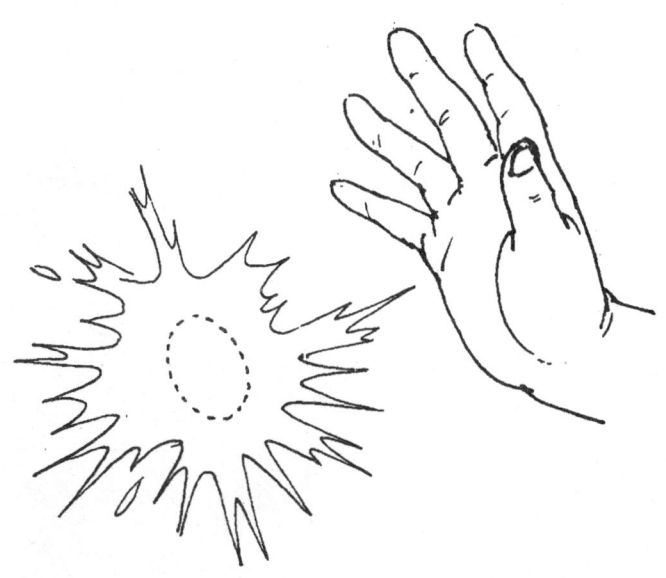

图五 34

(十七)拽炸混合劲

拽内劲是在与对方虚接时,意想将手中握着的一枚鸡蛋猛地拽向对方(图五33)。在张手拽出鸡蛋后,意想鸡蛋在对方的中心炸开(图五34)。随即"股骨前冲"(用前冲之意促使股骨竖直前荡,但不可拱膝)。在发拽内劲时,要想着对方胸前十字,当感觉到对方胸前十字一平即发炸劲,才能一拽即炸,将对方掀起。

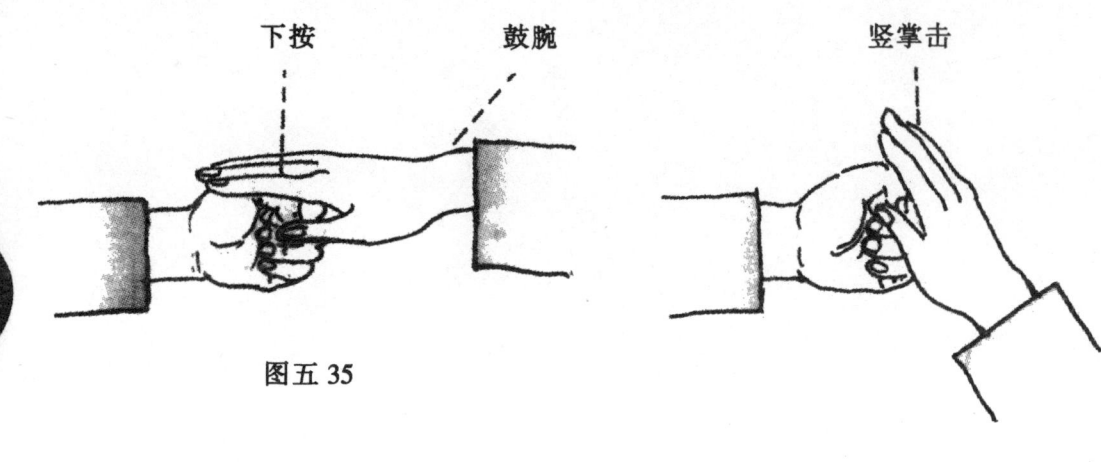

图五 35

图五 36

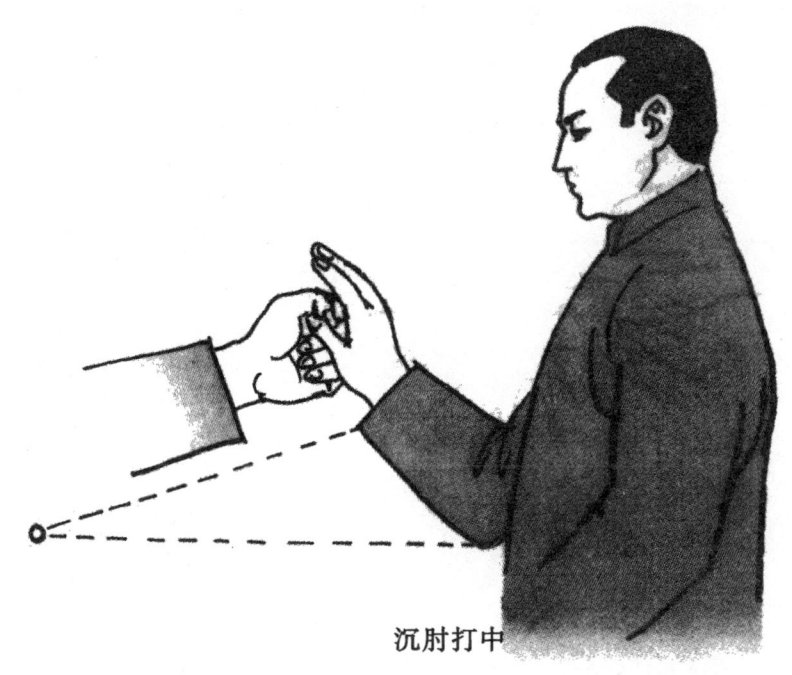

图五 37

(十八)擎劲

接手若遇对方来力的顶点时,腕部要微鼓,手似扶在顶点的四周,手指尖如同鸡吃米般有向下一啄之意,随之手向侧下按到意想的弹簧上,下按时,中指根处略有压缩感并微内含(图五35)。当下按奏效时,对方身形会微前倾,我即顺势竖起手掌擎引对方并释放弹簧之顶劲的一半(图五36),同时,以掌心中的小气球引粘着弹簧顶端不丢,肘立即下沉,以进肘之意打向对方十字中心。(图五37)

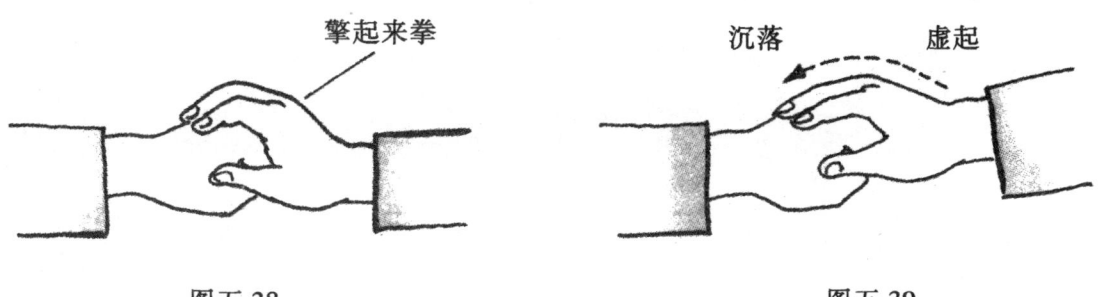

图五 38　　　　　　　　　图五 39

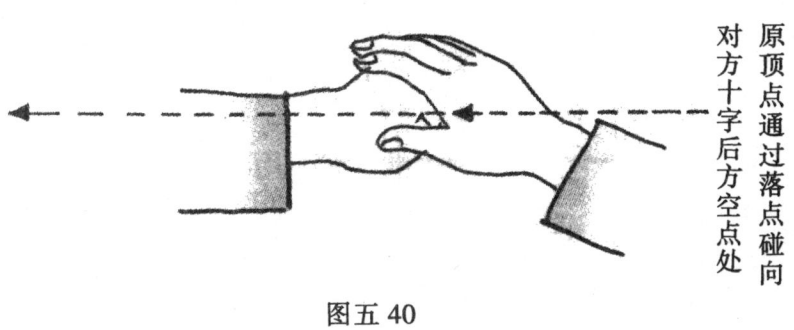

图五 40

（十九）擎碰劲

在对方来拳之际，手松软地擎起来拳。在擎起的瞬间要听清对方来拳的顶点。（图五 38）

随后便在来拳顶点的四周找落点。当越过来拳顶点的上侧去找落点时，手要沿着来拳的顶点边向前爬边上升，爬升时腕部要虚起而手指自然向下沉落，才能找到落点。（图五 39）

心中一静，对方十字中心点必然显露，即由原顶点通过落点碰向对方十字中心点后面的空点，对方即被发出。（图五 40）

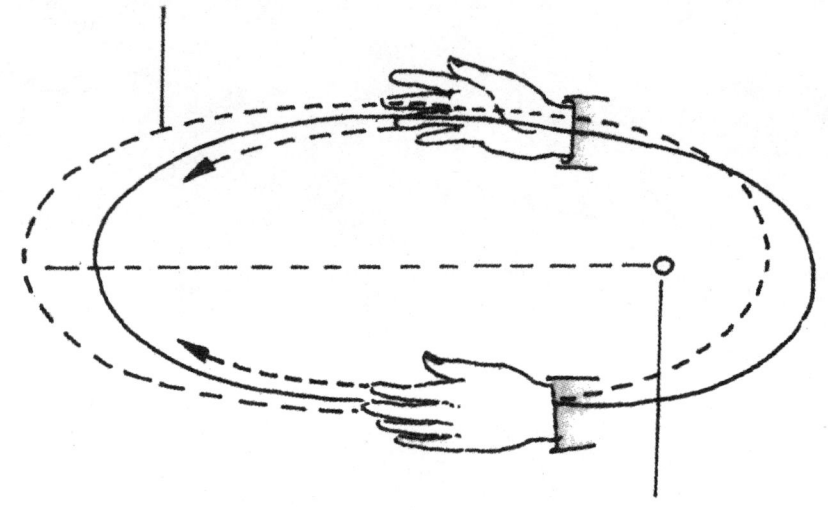

图五 41

(二十)打空线

"打空线"是技艺达到较高层次之后采用的一种打法。"空线"是指接触点到对方身前的这一段间距。

与对方一接手便无意与其来力顶抗,而是将其来力引进并粘起。打空线时,两手的方向要一致,以一手为主,另一手为辅,往空线的任何一点上打。

打这段"空线",要由劲源通出挤按内劲至两手中指根,手像拍球一样发向空线。发劲时若遇对方的顶劲,要听清顶劲的位置:遇对方顶劲在上时,要往对方的上死点空打;若对方顶劲在下时,则往对方的下死点空打。空打时,通空之意须透达对方身后。

(二十一)侧平劲

双手沿肩气圈的边缘发向对方中心为发侧劲。以自己的中心向对方的中心催发肩气圈为发平劲。发劲时,双手先沿肩气圈的边缘走,随即中心向前催发肩气圈为侧平劲;若中心先向前催发肩气圈,随即双手再沿肩气圈的边缘走则为平侧劲。

如果走侧平劲,侧劲出时平劲也随之出,还要以平劲催侧劲,并以侧劲领着平劲走,使平劲、侧劲同时发向对方中心,才能将其发出。(图五 41)

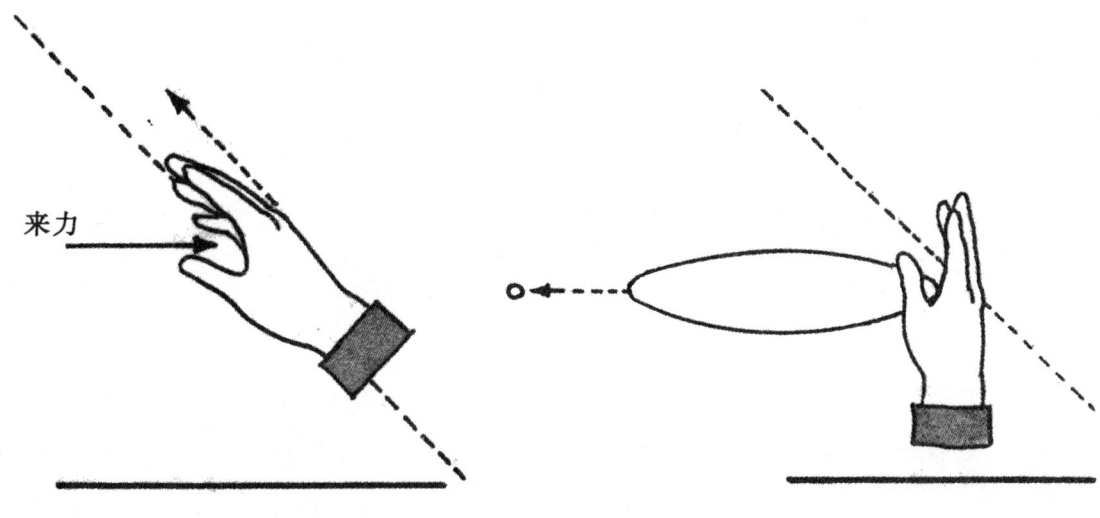

手扶在斜坡上　　　　　　竖掌找水平圈之边

图五 42　　　　　　　　图五 43

(二十二)水平圈

用手去接对方来力时,意想犹如扶在一个斜坡上,此谓之"侧接"。若对方来力很大,就想像手在沿着斜坡向上爬,即吸着来力向上爬,如此对方就无法力顶(图五 42)。随即肘向腰圈沉落,手掌由斜转竖,用中指根寻找由身内十字横梁向外散出的水平圈边缘,随即将腰胯内劲从中指根通出,促使水平圈前荡碰击对方使之跃出。(图五 43)

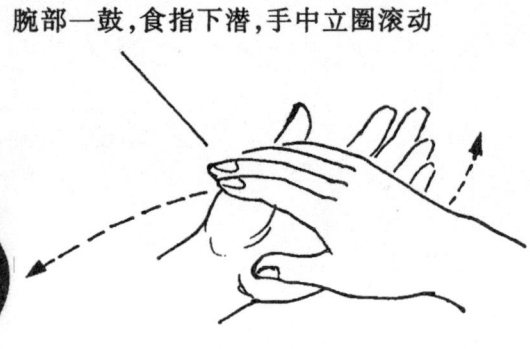

图五 44

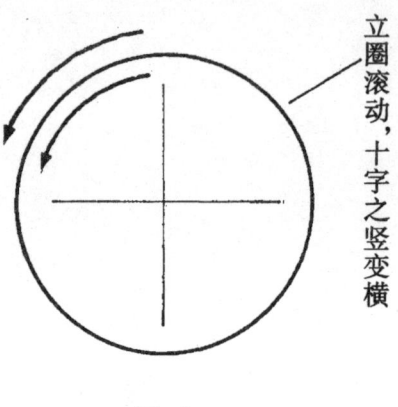

图五 45

图五 46

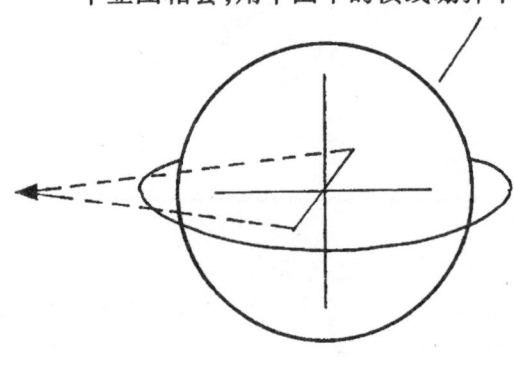

图五 47

(二十三)圈与十字

与对方接手之际，从上线通出脊之内劲。腕部微鼓，食指沿接手之际自然形成的弧形微向下指（图五 44）。意想掌心所含的立圈中有一个十字在随着立圈滚动，原十字之竖变横、横变竖（图五 45）。随即意想有含一横线的平圈，由上向下套至立圈上（图五 46）。在平立圈相套之际，即以平圈中的横线绷弹十字中心点发向对方胸前十字中心。（图五 47）

注意，当手旋动立圈时，掌心的十字点不能离手，要以这个点当发点，以平圈中的横线绷弹掌中十字中心发向对方胸前十字中心。上述动作要贯穿在瞬间完成方能奏效。

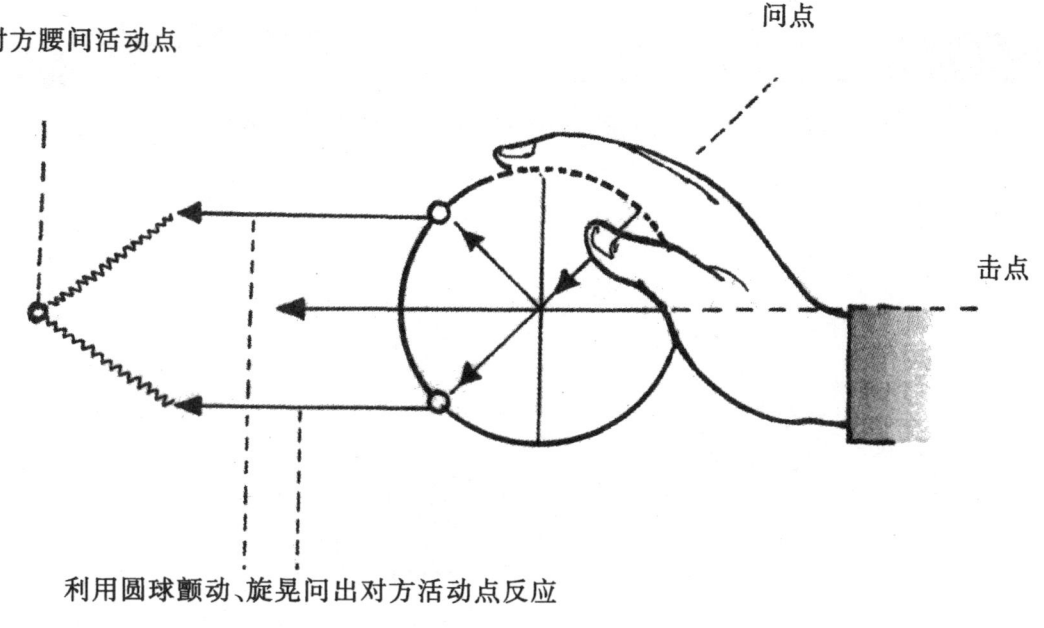

图五 48

(二十四)问点和击点

与对方接手之际,就要把接触点当成一个圆球来接。利用圆球的旋动找出问点和击点。

先要在问点上用沉侧劲渗入圆球而直达对方体内,并找到通往其腰间活动点的路线,在发劲时,要先用问点探听出对方腰间活动点的反应。

在问对方的活动点时,必须通过手势的颤动和旋晃动作。要全无定向的问,才能问出对方的反应劲,随即顺对方反应劲的方向放出对方所发出的力,再由搭手即找出的击点发之。发劲要平。(图五 48)

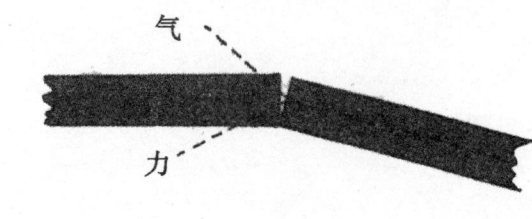

图五 49　　　　　　　图五 50

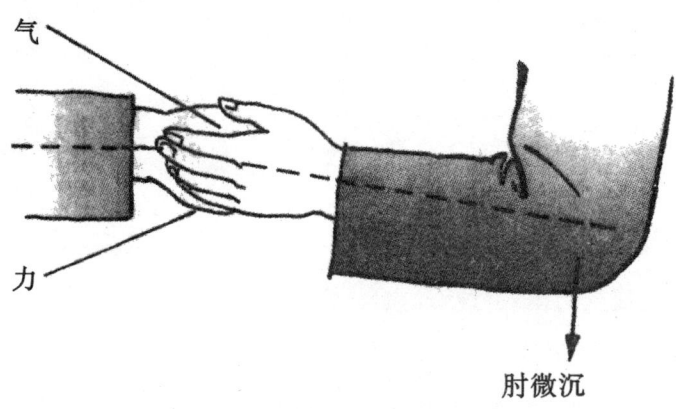

图五 51

(二十五)力与气

在揉手时,双方若全凭力气较量,必然导致相互顶碰,气力大者必然占上风,以弱胜强的太极拳艺精髓便无法体现。

揉手主张气与力既要能相合,也要能分开,在气与力的开合转换中体现揉手技法的巧变。

揉手时,若把力与气混在一起给对方,就不能将其发出。(图五 49)

在遇对方力顶时,要立即将肘意沉向腰圈,这样力与气会自然由顶点岔为两股,分别流向对方的上、下死点,将对方发出。(图五 50、51)

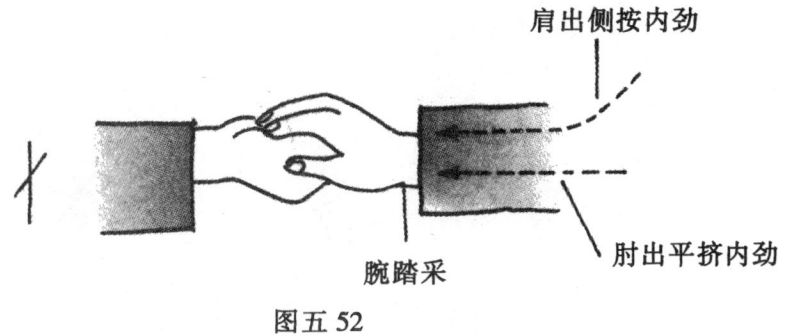

图五 52

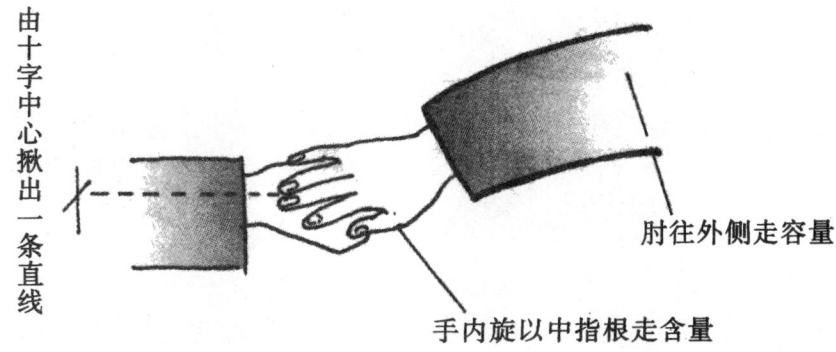

图二 53

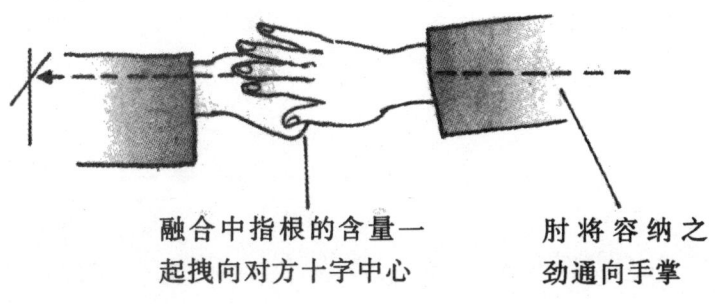

图二 54

（二十六）含量、容量

"含"在手中，"容"在肘端。"量"之大小则与功夫深浅成正比，功深则量大。

当对方左拳击来时，要用右手擎起来拳，随即沿上线通出按内劲，同时由肘部通出平挤内劲，腕部踏采发放对方。（图五 52）

如上述发劲未能奏效，就接着走"容量"与"含量"。肘往外侧掤捌，将对方的顶劲容入肘端；同时手内旋，中指根一含，意想由对方胸前十字中心似拉渔网般向后揪出一条直线（图五 53）；随即将肘端所容纳之劲通经前臂、腕部至中指根，与含量融在一起拽向对方十字中心，将对方发出。（图五 54）

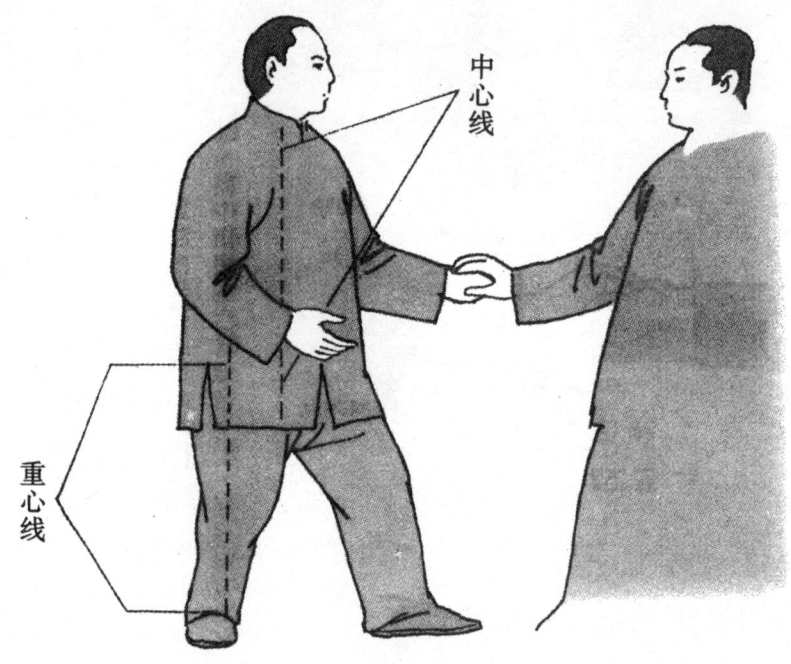

图五55

(二十七)中心线与重心线

由胸部至会阴的一条直线为中心线(又称前线);由尾闾至足跟的一条直线为重心线(又称后线)。

与对方搭上手,要在接触处以按劲向对方前线的上端(对方胸前十字中心)按去。同时,内劲由劲源沿下线通出催向按劲,并以按内劲逼问出对方中心线的反应劲点,即擦着反应劲点的下线往其会阴处发去,对方即跳跃而出。

也可通过接触点向对方的尾闾按去,内劲由劲源仍沿下线催向按劲,待对方后线有反应后即向对方足跟绷去,使对方被绷发跳出。(图五55)

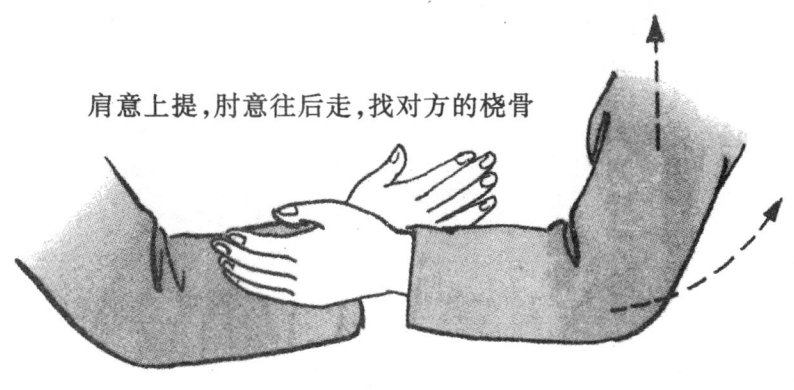

肩意上提,肘意往后走,找对方的桡骨

图五 56

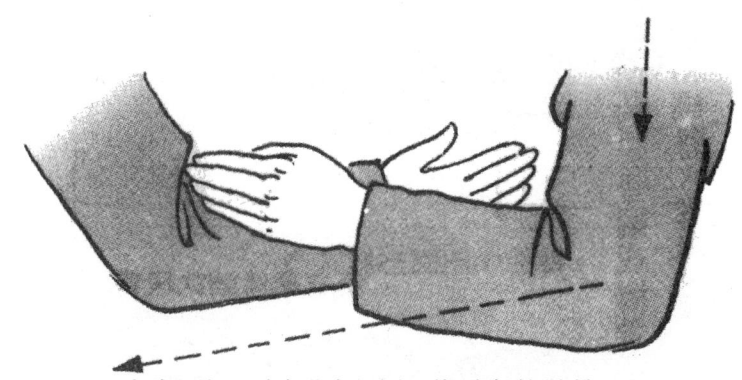

肩意下沉,肘意往侧下走,找对方的尺骨

图五 57

(二十八)找桡骨、尺骨头

接对方前臂时,手要扶在对方腕后三寸处,或扶其肘前三寸处。若扶在其腕后三寸处,不要用手的移动去找对方的尺骨或桡骨,要随着对方来力,意想肩顺势往上提,而肘有往后走之意,这样便能找到对方的桡骨,而又使对方察觉不出我的动向和意图。(图五 56)

若是扶在对方肘前三寸处,则意想肩顺势往下沉,肘有往对方之侧下走之意,就能找到其尺骨(图五 57)。内劲立即由前臂通出,以尺骨(不论接触点是在腕上还是在肘上)向对方肘端的桡骨头通出内劲(如已找到对方的桡骨头,就要向其肘端的尺骨头发内劲)而发出对方。

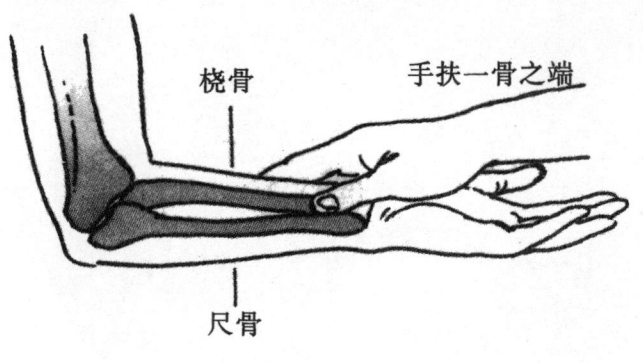

图五 58

手扶桡骨端找尺骨端碰向尺骨另一端

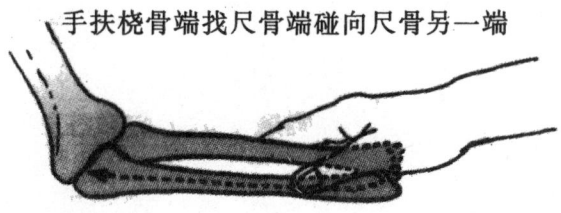

图五 59

手扶尺骨端找桡骨端碰向桡骨另一端

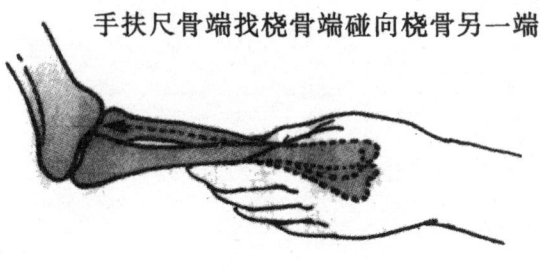

图五 60

（二十九）碰尺骨、桡骨

与对方接手时，手扶在对方腕部的尺骨端或桡骨端（对方手心朝下时扶其尺骨端，手心朝上时就扶其桡骨端），如果同时接触到了对方的尺骨和桡骨，就扶在了对方局部的平"面"上（这就犯了"面碰面，两不便"之忌），必然引起对方的力顶与直抗，而将自己的内劲堵住。所以一接手就须扶其尺、桡骨之一端（图五58）。若扶在对方的桡骨端上，即将自己肱部的内劲通过对方的桡骨端，绕向其尺骨端，并以内劲贯穿去碰其尺骨的另一端（图五59）。若手扶在对方的尺骨端，自己肱部的内劲就要经对方的尺骨端通向桡骨端，去碰其桡骨的另一端，而将对方发出。（图五60）

右腕向右旋出半径圈

图五 61

(三十)半径圈

当手一接触对方的皮肤,便意想由腕部旋出一个约 10 厘米的半径圈(半径圈的走向随意而定,左旋、右旋、上旋、下旋皆可)。与此同时,自身的内劲依着这个半径圈的轨迹滑移延伸,到达半径圈的终端时,内劲要"定"而一蓄,再沿直线透入对方"劲源",对方立时便感不适,犹如碰撞到弹簧般被弹出。

尤要注意在内劲通往对方劲源之时,旋出半径圈之手不可有丝毫顶碰对方之意,手好似去扶对方,另一只手亦无意与对方顶碰才能产生粘随内劲。(图五61)

（三十一）接手半边空

当双方之手即将接触时（图五62），右手外旋90°，侧接对方左手；同时右肘与手沿同一方向旋向胸前而将内劲渗入对方体内。随即左肩往后一空，右肩立即转实向前冲碰。（图五63）

当左半身为空时，右半身即为实。身内十字的左端头旋向后、右端头转向前，利用十字横梁的右端催右肩朝对方十字中心碰击。其窍要在于一空即发，如稍迟缓，对方的力就会改变，机势亦随之顿失。

图五62

图五63

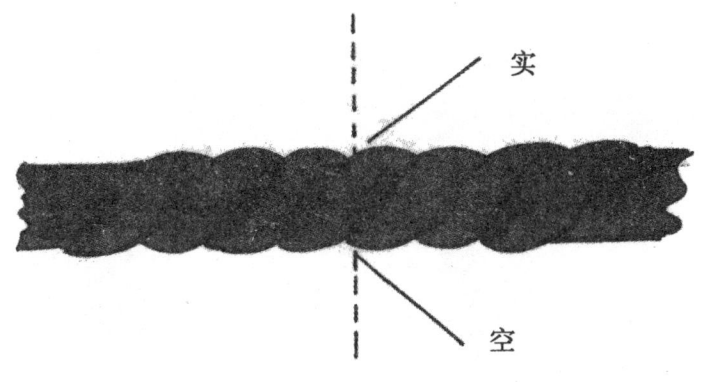

图五 64

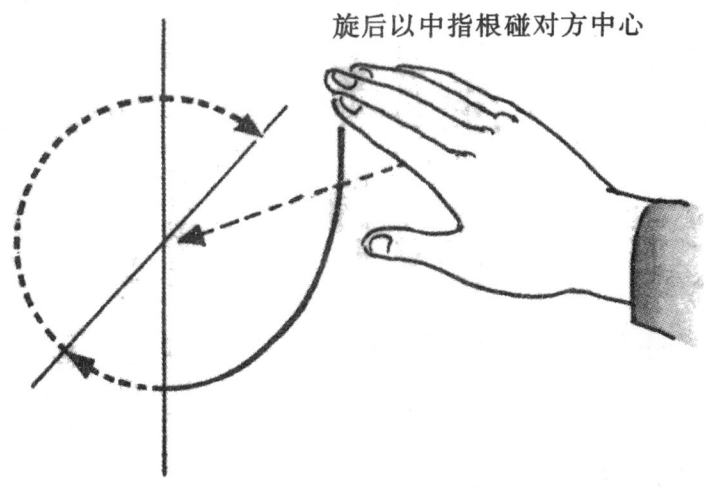

图五 65

(三十二)螺旋半边空

将与对方接手时,要先有侧劲之意。接手时,手顺势旋转是侧劲的一种手法,通过手的旋转,只接对方来力的一半(图五 64);同时食指、中指先在空的半边沿对方十字的四端内旋转半圈,再意想画完一整圈。立即用中指根速碰对方十字中心,则对方必被发出。(图五 65)

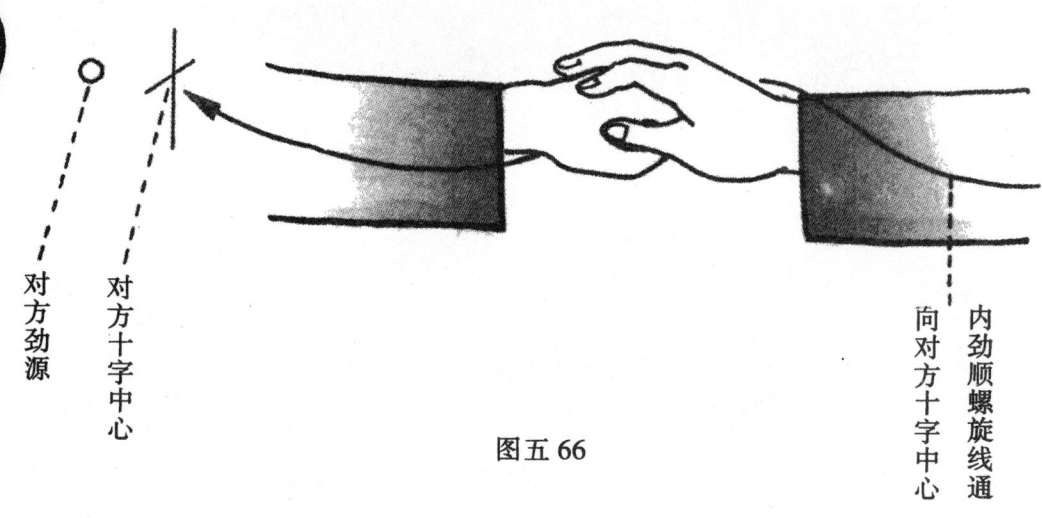

图五 66

(三十三) 螺旋线

与对方接手时,要以手中的气球与之轻接,不要让对方把气球压扁,更不可有丝毫碰撞对方之意。总之,在手上不表现出任何用力的意思。只从劲源通出内劲流经肩臂到肘,顺着意想的螺旋线(恰似枪膛内的来复线),旋转着通过对方胸前十字,透达其劲源。使对方感觉不到有任何来劲的侵袭就被发出。(图五 66)

(三十四) 螺旋侧劲

如对方以直拳击来,则顺势微含胸,重心后移至四点处。螺旋内劲从劲源沿肩臂旋出,从而避开来拳的劲端,以意想的螺旋圈侧截对方的来劲,手指沿对方前臂外侧向内侧旋走,同时用手背的中指根指向对方中心,随钟锤前荡将对方发出。

如上述发劲未得机,立即寻接触点临近的上侧点或里侧点,仍照上述侧截法发之,其间要有"一定",但旋进之意不能停,内劲不断方可奏效。(图五 67)

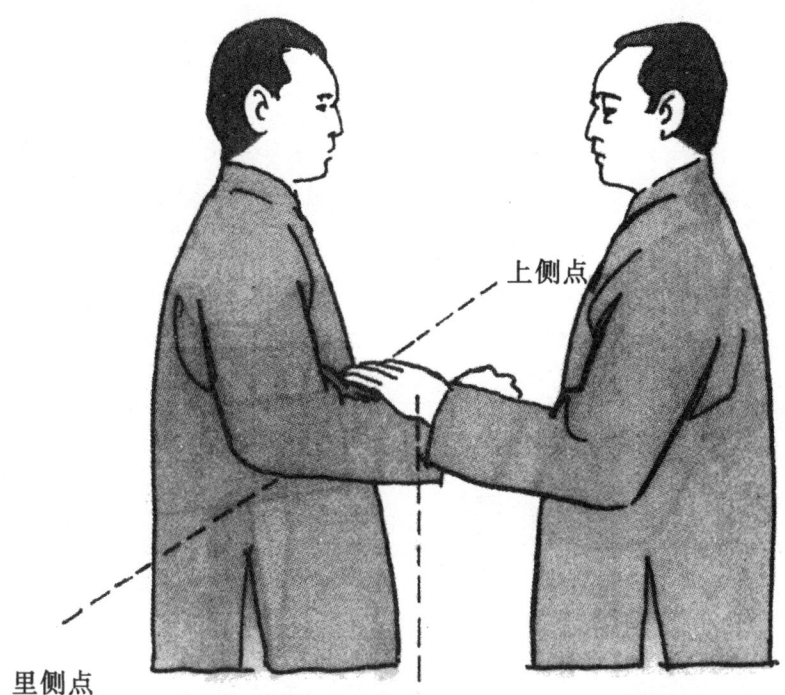

图五 67

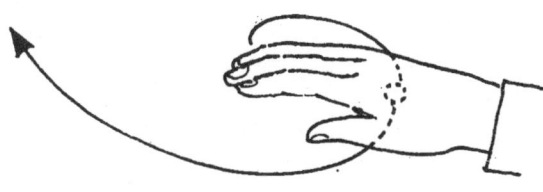

图五 68

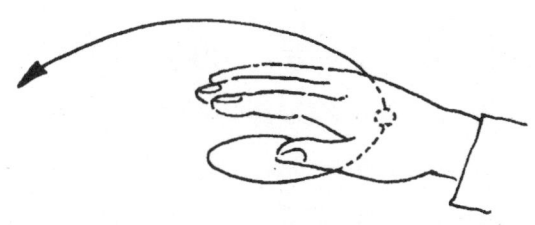

图五 69

(三十五)手走螺旋内劲

与对方接手时,意想手上旋出半圈螺旋内劲去与对方接触,接触后再继续旋出下半圈螺旋劲。其间意不断、劲亦不断。

手走螺旋内劲时,要用手的前半部轻轻接触对方,同时要以掌心中的气球去接对方来力,气球可以被对方按扁,但掌心不可主动按接触点。(图五 68、69)

无论左手还是右手与对方相接,也不管是拇指领先旋出还是小指领先旋出;发螺旋内劲时,要先向下弧形旋绕至掌心气球处;与对方接触后,再接着向上弧形旋出另半圈螺旋内劲,通向对方中心而将其发出。

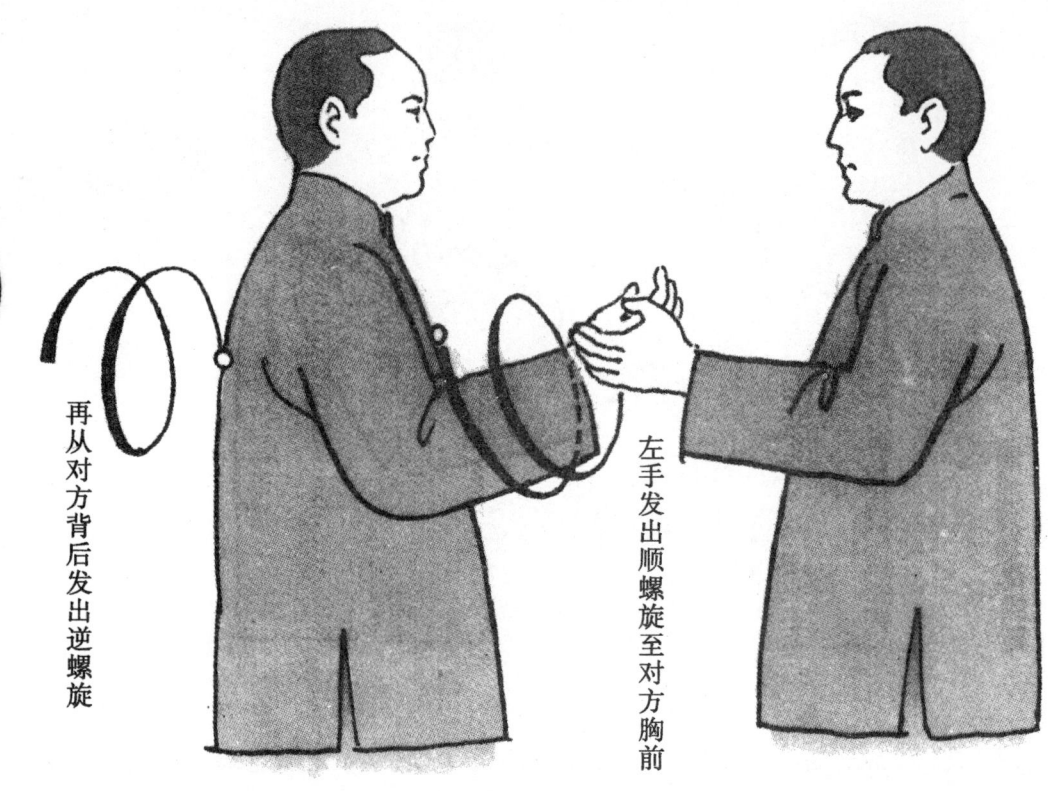

图五 70

(三十六)顺逆螺旋劲

当与对方接手后,既不发侵渗劲,手也全无动向。要由劲源发出螺旋内劲从手上通出,以意领着螺旋内劲发至对方胸前,随即静而一定,用意领内劲透至对方背后,再朝相反方向螺旋而出。(图五70)

顺逆螺旋劲的关键是用前后朝向相反的螺旋劲夹着对方打,使其无处躲避。对方若化解了胸前的顺(逆)螺旋劲,必然被背后的逆(顺)螺旋劲所排斥而被发出。

图五 71

(三十七) 平立螺旋劲

杨式太极揉手使用的螺旋劲都是内缠丝,注重缠丝之意,而不表露在身手的外形旋动中。

将与对方接手时,内气自然贴背下沉及地,再由身前旋绕升腾而起,形成一个犹如绕立柱盘旋上升的立螺旋圈。随即内劲由劲源经两臂通达两手,平行旋出顺逆螺旋圈。用手上的平螺旋圈去旋催身前的立螺旋圈之边,向对方十字中心击发。

运用平立螺旋劲的奥妙在于用意想的平螺旋劲碰撞发于自身的立螺旋劲,不与对方发生抵触与抗争,对方无从察觉我方劲路的来龙去脉。(图五 71)

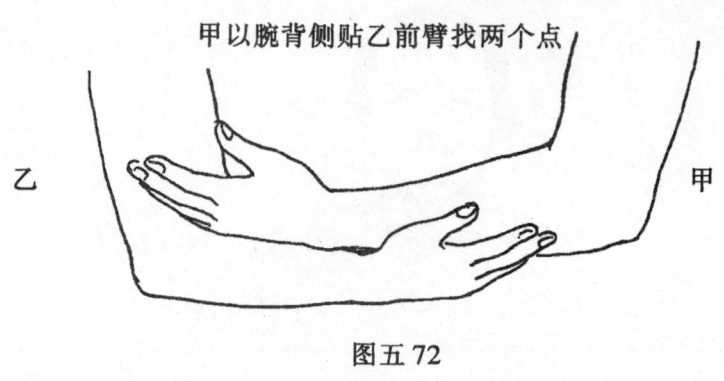

图五 72

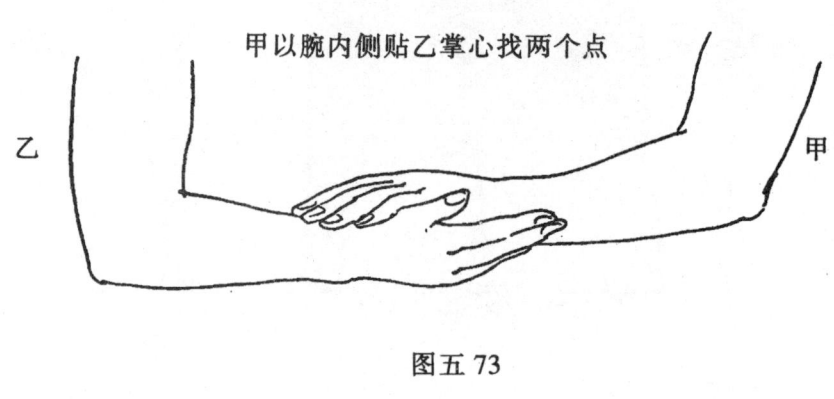

图五 73

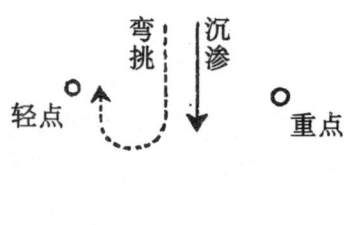

图五 74

(三十八)沉缝劲

无论手心向上或向下与对方接手时,都要用腕部贴向对方掌心或前臂(图五72、73)。若腕部贴扶在对方前臂上,就在接触处找一个力点和一个轻点(先找哪个点都可)。找点时,不要用腕部向前压或向后沉,而是意想出现两个点;我之内劲通经前臂似流水般向两点之间的缝隙中沉渗,再顺着沉渗劲的流势而轻轻地向前上挑起,将对方发出。(图五74)

图五 75

图五 76

(三十九)钻缝劲

与对方接手即用稍重之劲问向对方，随即背部松散开，前臂的内劲像薄刀片一样平着钻入对方来劲的缝内(图五75)。来劲之缝隙就是对方刻意维护的实中之虚处。

随即内劲由劲源发出，经肩臂之上线通至手上并集于手背的中指根处，随后内劲散出，促使手轻轻地舒张(图五76)。当手微张时，身中内气自然下沉。当对方刚感觉到接触处有钻入之劲时即被发出。

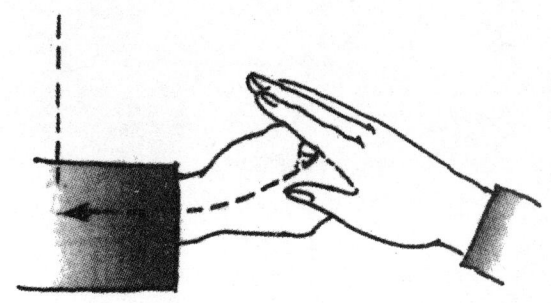

图五 77

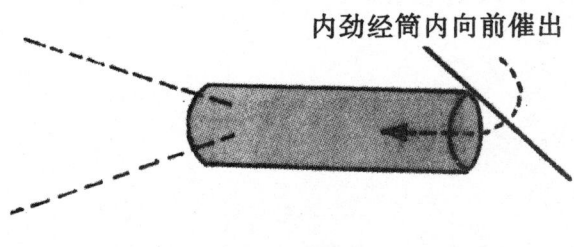

图五 78

(四十)钻筒轻劲

与对方接触时,手要侧接其来手。意想对方前臂化作一个空筒,接触点便是空筒口,不要向手按的空筒边发劲,要以意领内劲绕过筒边钻入空筒口,使内劲顺着空筒向前催而出以发放对方。(图五 77、78)

(四十一)粘折劲

接手即掌握对方劲点,再从肘部通出肘内劲,促使手以重劲问向对方的劲点(图五 79)。随即肘端一空,将对方的劲点粘出,使其劲点下面落空,同时以折劲从劲点上部三分之一处绕出向前平催,将对方发出。(图五 80)

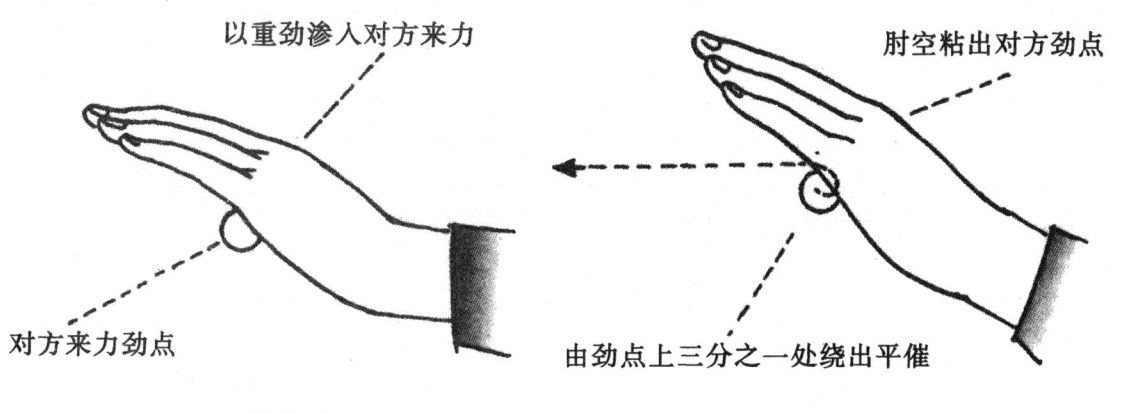

图五 79　　　　　　　　图五 80

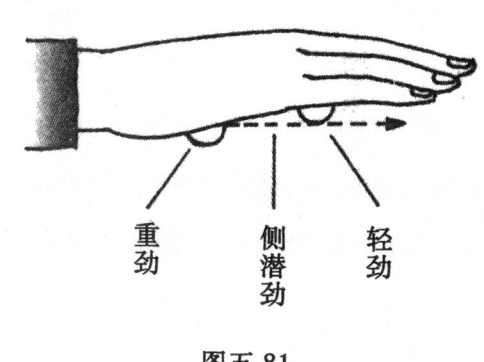

图五 81

(四十二)侧潜劲

与对方接手时,先用掌心在接触点以重劲侵渗出一个重劲点;再用折劲在中指根前以轻劲侵渗出一个轻劲点。立即由肱部通出内劲,由重劲点之前上侧向轻点的后下侧通出,以重劲斜穿轻劲将对方粘搓出去。(图五 81)

(四十三)轻劲与重劲

与对方接手先使用轻劲,让对方在接触点上感到舒适,这样才能听出对方的劲点,随即在劲点四周任何一处给对方施以重劲,让对方在劲点的一边感觉到不合适,就利用这个重劲之边带着轻劲之点发出。

一接手也可以先用重劲,使对方感到不合适,随即再给对方轻劲,在对方由不合适转为舒适时其劲点就会出现;再以轻劲点带着重劲点发向对方死点,将其催出。

(四十四)大气球之用法

揉手时,若单以两手心的小气球去接发人,只能做到无手形,并不能做到无身形;还要掌握大气球的用法,才能做到手无定向、身无形。

意想一物破空掉向胸前,激起气浪翻腾,意气随之弥散成一大气球。要以两手心的小气球拢抱着大气球,身体如同匍匐在大气球上,这时自身会感到通体轻灵而顿生无身形之感。如果能真正倚重胸前的大气球,自己的手便不会再出劲推搡对方,也不会承接对方的来力。此时自己的手虽与对方相接,意念中却恰似双手贴扶在胸前的大气球上。在与对方周旋时,意想双手摆弄大气球而自然形成两膊相系。(图五82)

走掤内劲,是双手微上旋大气球。(图①)

走捋内劲是双手含拢大气球。(图②)

走按内劲是双手向下旋大气球。(图③)

走挤内劲是双手前催大气球。(图④)

走采内劲是双手向右下旋大气球。(图⑤)

走挒内劲是双手向右上旋大气球。(图⑥)

走肘内劲是双手向左前上旋大气球。(图⑦)

走靠内劲是双手向左前下旋大气球。(图⑧)

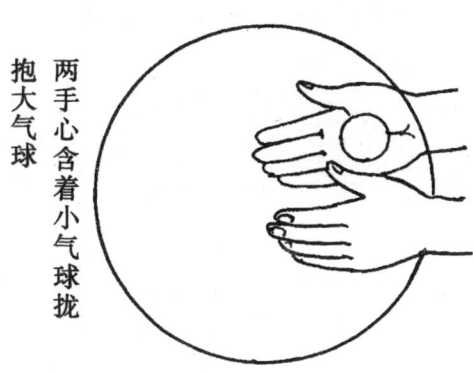

两手心含着小气球拢抱大气球

上旋大气球的掤内劲
①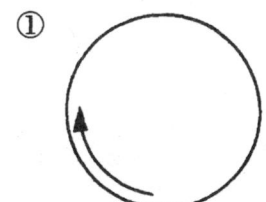

含拢大气球的捋内劲
②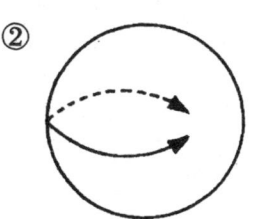

下旋大气球的按内劲
③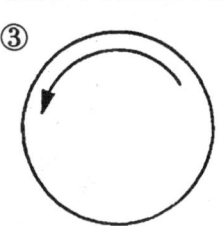

前催大气球的挤内劲
④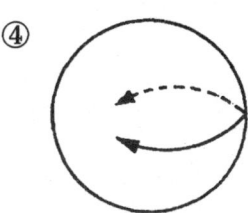

右下旋大气球的采内劲
⑤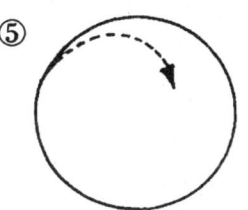

右上旋大气球的挒内劲
⑥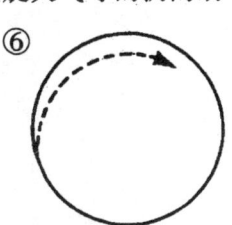

左前上旋大气球的肘内劲
⑦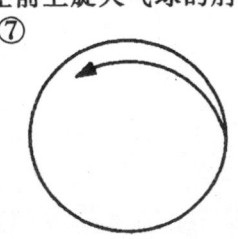

左前下旋大气球的靠内劲
⑧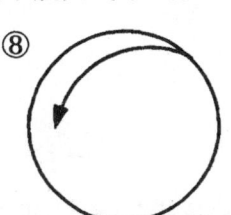

图五82

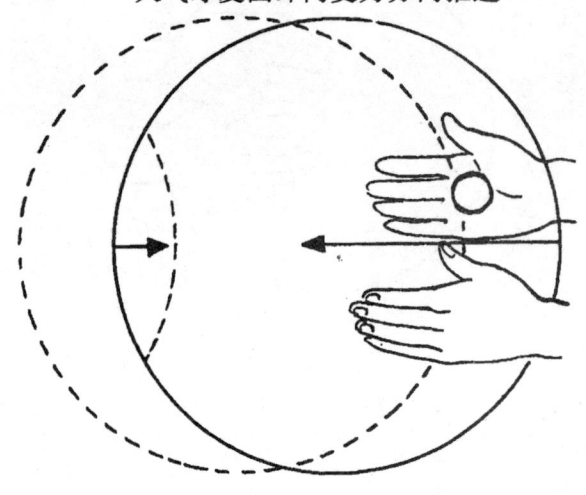

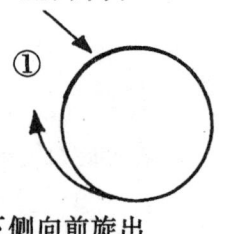

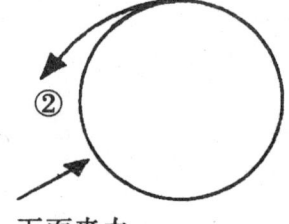

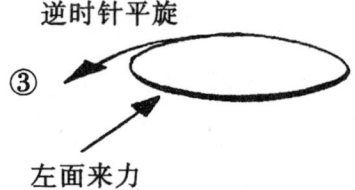
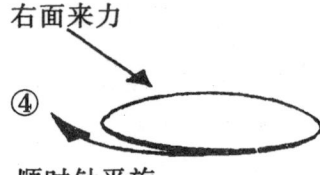

图五 83

(四十五)走气球皮法

如果以意想的大气球与对方揉手,若遇对方顶力,大气球前端必然会瘪入,球内的意气在极短时间内被压缩后会迅即弹回复圆,并向受力方向推进以弹发对方。(图五 83)

当对方的来力是在大气球的上面时,双手使大气球的下侧向前旋出而化发对方(图①)。若对方的来力是在大气球下面时,则使大气球的上侧向前旋出而

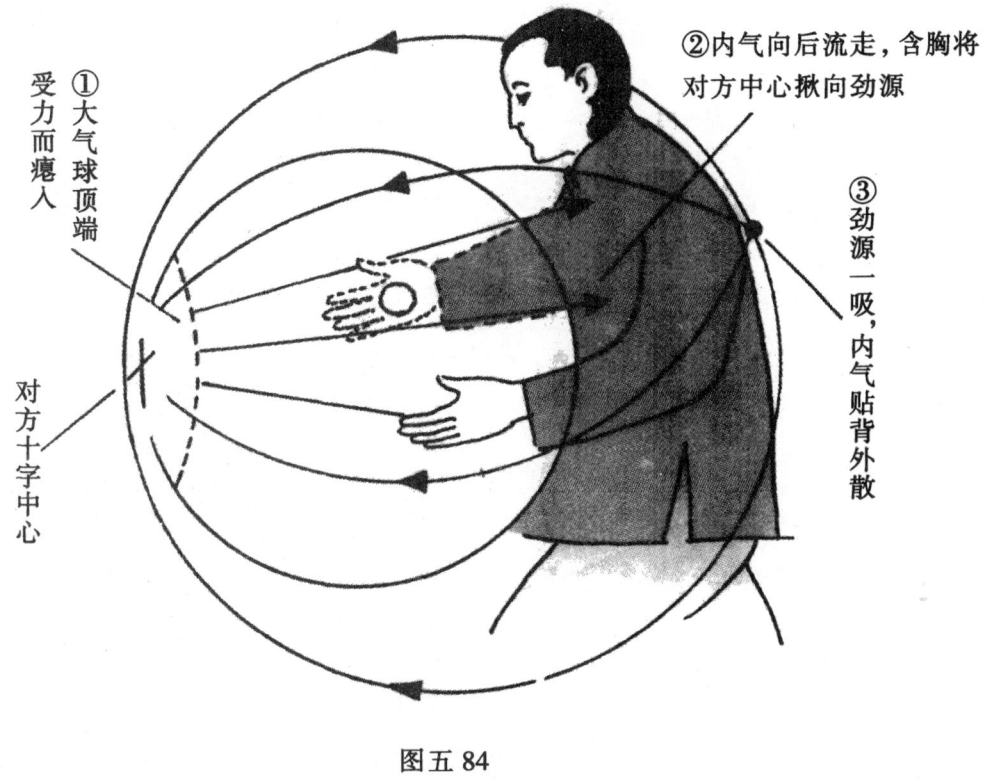

图五84

化发对方（图②）。假设对方来力是从左面发向大气球，要使大气球沿逆时针轨迹旋转而化发对方（图③）。对方来力从右面发向大气球，则沿顺时针轨迹旋出而化发对方。（图④）

（四十六）大气球膨胀法

以大气球的一鼓一瘪去接发对方，使对方的来力只打在球皮上，而打不到自己的中心。学会运用大气球保护自己的中心，就不必依靠身形手势的变化去应付对方的来力。

双手在胸前摆弄大气球，其目的是遥控对方的十字中心；而背后劲源处亦要遥控大气球前端的接触点。若顺着对方来力，大气球的前顶端就受力而瘪入，内气自然返回大气球后端。这时胸部一含，将对方的中心揪向自己背后的劲源，劲源一吸，内气便贴背外散膨胀，立即用大气球向前碰发对方。（图五84）

五、九曲珠解

老拳谱讲"行气如九曲珠，无微不至"。"运劲似百炼钢，何坚不摧"。要达到"入化境"的境界，就必须做到"无形无相、全体透空"，那时神、意、气的运用才会自如。做到神、意、气的自然结合，才能真正体现内气的运行无孔不入、无微不至。

在内功修为未到较高境界时，妄动呼吸之气催促九曲珠会使周身僵滞。老拳谱讲"有气则滞、无气纯刚"，这里的无气，是指无意念支配的行气方式，惟在无意掺杂行气过程的前提下自然产生的内气运行才能使全身透空，形成无边无沿的浑圆气球。

球中有九颗珠子，意想内气像一条线将这九颗珠子串连起来（图五85）。如果由足底向下抽这条线，就会使内气贯穿九颗珠子，使周身发出整体之劲；足下这条线一松，九颗珠子自然又转为松软圆活。如此利用这九颗珠子的一张一弛来发放对方。

第五颗珠子位居中心，在九颗珠子的运用中至关重要。如果能掌握和利用这颗珠子发人则可快速奏效，又不易被对方发觉。

运用中心这颗珠子可给前四颗珠子作后援，还能保持后四颗珠子的松软圆活，是揉手技艺中较高层次的劲法。

图五 85

跋

学拳如修佛,有缘无缘,总是与福分息息相关。人与人之间微妙的感觉亦是那么错综复杂,愈想单纯则愈趋繁琐。处在瞬息万变的今天,真想能像那些境臻圆熟、一心向佛、别无所求、终日一食仅足果腹充饥的苦行僧,心能静如止水,空灵无物;练拳若能至此,则自然无我无为。

长久以来对太极拳技艺都处于摸索阶段的我,直到与魏老师的师徒关系被巧妙地安排远在万里之外的澳洲之后(这岂不是百世修来的善因缘吗?)才真正了解到太极拳涵盖之深且广,其蕴含天地宇宙奥秘至理于其中之伟大,就是道,就是佛。

蒙魏师之不弃,厚爱有加,除对拳艺毫无隐藏的倾囊相授外,对待人处世的教诲更是时时叮咛。他是个好师父、好长辈,从不批评或指责别人。教拳更是认真严谨,每招每式总是不厌其烦地示范再示范,对拳理的阐释更是精辟独到,凡被教导过的学生都会有显著的进步,甚至在豁然之间能将郁积几十年的疑惑解开。犹如有人询及同修张先生北京一行拜访魏师之感言如何?其回答即与上述所言相同。

魏师对学生和蔼可亲,有教无类,更无门派之见。我在回台期间曾引荐国家级教练施锡钦及马文庆二位入门;也曾引荐多位太极名人前往北京拜访,他们均在回台之后对魏师赞不绝口,推为一代宗师。魏师曾在给我的复信中这样写到:"我要传的人一定要青出于蓝而胜于蓝,不然就枉费了苦心，也对不起这一脉承传。"由此可见魏师胸襟之宽广、无私，以及对承传使命感的执著！

　　感激恩师的栽培，刻刻兢兢业业、苦心钻研太极拳的我，不敢稍有松懈或存有一丝丝自满之心，更不敢独享太极拳之福荫。求得恩师首肯，将大作率先在台湾发行，相信随着书中记载的拳艺精要的公开，会起到钥匙和阶梯的作用，让更多的有缘人开启久寻不着的太极之门，然后步步登高，直通全体透空、无形无相入化境的高层境界！

　　在此引述汪师爷曾说过的一句心头话："这里头的东西，要是我不说，让它断了，就是再花几代的时间，都别想再找回来！"这番话道尽了他老人家对这一脉技艺承传的珍重与爱惜。借此希望凡我同好抛开门户之见，体察前人苦心经营留传下来的文化瑰宝，吸取长处，在原点承传的基础上，技艺能有所再突破、再精进、再发展，让太极拳更趋完美、更加辉煌。尤其在养生特优效果的层面上，能有更多的体现、更新的领悟、更加发扬光大，祈使带给更多人长寿、健康、不病，生活充满喜悦，事事圆融。

纯一出版社
蓝清雨
一九九六年初冬写于台北

后记

　　自先师汪公永泉所著《杨式太极拳述真》一书面世以来，屡接读者来信要求详细解释具体练习方法，遂而萌生编写本书之念。经积累素材、绘图、拍摄动作照片，初步拟定写作内容，迨至一九九五年底，蓝清雨同学在台湾办妥了本书的出版发行事宜后，于一九九六年四月末杀青，前后历时四年有余，总算吾等在继承前人研究成果的基础上，为杨式太极拳艺的传播和发展做了力所能及的一件事。

　　在本书写作过程中，胞弟魏嘉祥拨冗作序并书写题签；师兄齐一、王平凡帮助审稿修改；王洁同学集中精力整理编辑；蓝清雨同学特邀余至墨尔本商谈编排出版事宜；宋钢同学等人协助打印、校对稿件，在此表示谢忱。

　　在此次编写过程中先后得到了傅殿华、王德祥、高伟、刘应文、李科威、解守德、叶东相、郭礼哲、林志明、吴仲义、施锡钦、马文庆等同学的大力支持，共襄盛举，一并致谢。

魏树人　谨白
一九九六年春，时年七十有二

图书在版编目（CIP）数据

杨式太极拳术述真 / 魏树人著；王洁助编. -- 北京：人民体育出版社，1999 (2024.4重印)
ISBN 978-7-5009-1723-6

Ⅰ.①杨… Ⅱ.①魏… ②王… Ⅲ.①太极拳—基本知识 Ⅳ.①G852.11

中国国家版本馆CIP数据核字(2023)第101274号

*

人民体育出版社出版发行
北京中科印刷有限公司印刷
新 华 书 店 经 销

*

787×1092　16开本　19印张　297千字　插页1
1999年10月第1版　2024年4月第15次印刷
印数：37,841—39,840册

*

ISBN 978-7-5009-1723-6
定价：88.00元

社址：北京市东城区体育馆路8号（天坛公园东门）
电话：67151482（发行部）　　邮编：100061
传真：67151483　　　　　　　邮购：67118491
网址：www.psphpress.com
（购买本社图书，如遇有缺损页可与邮购部联系）